活動基準
原価計算システム
の研究

町田　耕一 著

三恵社

はじめに

原価理論の創始はシュマーレンバッハに遡る。原価理論は組織が生成する価値と資源消費を貨幣価値で評価する学問である。彼は原価と費用の違いを識別した。原価は経営価値であり、費用は財務支出である。ドイツでは原価計算は原価給付計算(Kosten- und Leistungsrechnung)とされ、損益計算が費用を収益に対応するように、原価計算は給付に原価を対応する計算としている。

これまでの伝統的な原価計算は製品原価を評価するために、費用を製品への直接費か製造間接費かに区分して、その間接費を何らかの配賦基準で計算して、製品原価を求めていた。1988年ジョンソンとキャプラン(H. T. Johnson & R. S. Kaplan)著『目的適合性の喪失(Relevance Lost)』は伝統的原価計算批判でもあった。これを契機として、英米では活動基準原価計算(Activity-based Costing)が生成した。ドイツではプロセス原価計算(Prozesskostenrechnung)として研究が進められた。'活動'も'プロセス'も活動基準原価計算には重要な概念である。

1990年代より活動基準原価計算は顕著に発展してきたが、今日でもなお、実践するには問題を孕んでいる。活動基準原価計算の初期の実践では、活動原価をインタビューで求めていた、さらには活動原価をベンチマークとしてデータを収集して基準値を求めていた。活動基準原価計算そのものに、経済的資源を各活動に割当てる内部取引量とその割当計算が複雑であることが、実践の妨げとなっている。これまでの活動基準原価計算は簡便な方法で行われてきた。

本書は、経済資源と活動との内部取引の測定問題を、複式簿記とコンピュータを利用することで解消している。よって表題は『活動基準原価計算システムの研究』とした。「跡づけシート」の利用は内部取引の仕訳を自動生成している。活動勘定の仕訳データは活動が諸資源の結合であること、また、プロセスを経ている事を明示している。

このシステムは勘定系ABCシステムである。複式簿記は手記による情報処理であった。活動基準原価計算に簿記を適用すると、多くの有益な情報を提供してくれている。会計学は会計理論と簿記手続きが表裏である。

本書は原価管理を主目的として、原価情報を生成している。従来は製造原価を求める事が主目的であったが、これを原価対象として直接費と直接費化した活動原価より求めている。この方法により比較可能な原価に接近している。給付は外部給付があり、顧客を原価対象とした活動基準へと拡張している。顧客の原価対象の測定は隠れた顧客損失を明らかにしてくれた。活動基準原価計算は利益分析も可能なものである。

給付に対する原価が本来的原価計算であるが、給付を生み出さない、価値消費である原価を非付加価値として測定している。非付加価値は無駄であり、無駄取りが優先順位の高い原価逓減活動である。活動基準予算の仕組みは改善活動の推進に有効である。かくして、活動基準原価計算は、収益性があり、スリムな組織へと導くものとなる。また、資源の無駄の排除をすることにより、地球環境の持続可能性にも貢献することとなる。

最後に、本書の出版に尽力してくれた、三恵社の井澤将隆氏に感謝いたします。

令和２年２月

町 田 耕 一

活動基準原価計算システムの研究

目　　次

第１章　原価計算序説　―　原価の本質と計算課題　―

原価の本質存在は普遍性を有している。原価の事実存在としての原価計算は非本来性に満ち満ちて、発展途上にある。今日でも、原価の本質である給付と原価の関係は認識不足である。本章の第１節では原価の本質への接近を試みている。これまでの慣行的な原価計算は形式に陥り、原価の本質を見失っている。第２節では原価概念の所説を論述している。原価の理論に比して、現状の計算手続きは、なお未成熟である。原価理論とその計算手続きが整合することで、実践可能なものとなる。次章の活動基準原価計算で求められている原価計算課題とその理論の支柱となる原価の本質を本章で鮮明にする。

原価計算は価値連鎖をしている組織で内在している価値計算である。組織内の活動は資源消費と価値増加活動とで、原価計算の対象である。原価逓減活動は費用の削減をし、給付活動は売上高となり、利益の増加に貢献する。そして、利益の増加は、やがて資金の獲得となる。

信頼性を有する原価情報を用いることにより、組織は業務の能率を高め、能率の向上をし、やがて組織の有効性を高める。しかしながら、およそ１世紀前に生成した原価管理手法は目的適合性を失っている。今日、新たな原価計算として活動基準原価計算が探求されている。この新しい原価計算の方法も、理論とその手続きが解明されないと、実践にはいたらない。本書は、この理論と手続きを活動基準原価システムとして考究したものである。

第１節　原価計算の目的

会計学は金額による価値評価学である。主要な会計理論には損益計算論、収支理論、貸借対照表論それと原価理論がある。原価理論の生成はシュマーレンバッハ(Eugen Schmalenbach)により、多大な貢献がなされた。キルガー(W. Kilger)は「原価理論の領域におけるシュマーレンバッハの最も優れた功績は、疑いもなく次の点にある。すなわち、それは、彼が驚嘆すべきほど早い時期に、企業にとっての固定原価の意義を認識したこと、そして、そこから魅惑的な首尾一貫性をもって結論を引き出し、その結論が、その後の原価理論の発展にとって決定的な意義を有したという点である」[1)]としている。固定原価はシュマーレンバッハの種々の原価範疇の１つである。また、彼は固定原価について、貸借対照表論のなかで、固定資産の時間原価である減価償却費を求める定率法は耐用年数の推計の誤りを調整する機能があると指摘している。彼は、固定原価に限らず、変動原価に、限界原価を見出し、経済学の費用理論の先駆者となった。

シュマーレンバッハはカルクラチオーン(Kalukulation)の造語で原価計算を論じ始めた。それは、彼以前の手工業の時代では、原価を製造に要した現金支出で把握して、いくらで売却するかを考えていた。さらに、機械を利用する工業時代には機械の毎期の費用化から、原価は費用であるかと、一般に考えられていた。原価の本質は支出でも費用でもないのである。そこで、彼は原価の考えが認知されるのをみて、原価計算(Kostenrechnung)の用語に替えた。彼の辿りついた著作『原価計算と価格政策』は原価計算による価格決定と原価管理への役立ちを意図している。

原価計算はドイツ文献では原価給付計算(Kosten- und Leistungsrechnung)である。損益計算が費用を収益に対応して利益を求めるように、給付に原価を対応すれば、粗利益を求めることができる。給付は価値増加概念である。そして原価はその価値増加に対する価値消費の概念である。

給付には内部給付と外部給付とがある。製造業の財務諸表の一つに製造原価報告書がある。この報告書を理解するには製造勘定が有益である。原価の 3 要素として、材料費、労務費、経費とがある。これらの費用は製品を生み出すために消費される。組織内で価値を生み出すために経済的資源が消費されることが内部給付である。製造勘定の借方は前月仕掛品と当月の製造費用である。製造勘定の貸方は製品と仕掛品で、給付価値を生み出したものである。そして、製造業の貸借対照表に増加として製品と仕掛品が計上される。**図表 1** に製造間接費の勘定がないのは、間接費計算に多大な問題があるからである。給付と原価

図表1-1 製造業の内部給付と外部給付

[内部給付]　原価発生元→給付先

材 料

	100

労務費

	2,000

経 費

	1,500

→ 製 造

前月仕掛品	0	製品	3,000
当月製造費	3,600	当月仕掛品	600

→ 製 品

3,000	

→ 仕掛品

600	

[外部給付]　製 品 —@¥100を10個→ 顧 客　10個¥1,500で購入

貸借対照表

製品 2,000	

損益計算書

製品原価	1,000	製品売上	1,500

は次のようになる[2)]。資産への増加は内部給付であるが、経営成果の給付は外部給付である。

給付 ＝ 経営に必要な資産の増加

原価 ＝ 経営に必要な資産の減少

経営成果 ＝ 給付 － 原価

原価要素の材料費と労務費と経費の消費は現金支出をともなっている。製造に関わる1会計期間の資産の原価とされる価値消費と給付で生み出された資産の価値増加は等価であり、形式的には信頼できる評価額である。よって、製造原価報告書というより、その内実は製造費用計算書である。また、製造業の製造している総ての製造費用と、製品勘定は総ての製品の金額である。

外部給付は組織とその顧客との取引である。外部給付の評価は顧客への売上金額でなされる。それゆえ、原価計算は次の算式のように、利益計算にまで及んでいる。今日の管理会計情報では売上セグメントに、製品別、顧客別、地域別とかの区分があり、原価計算の対象

図表1-2　活動基準原価計算と慣行的原価計算との製品原価比率

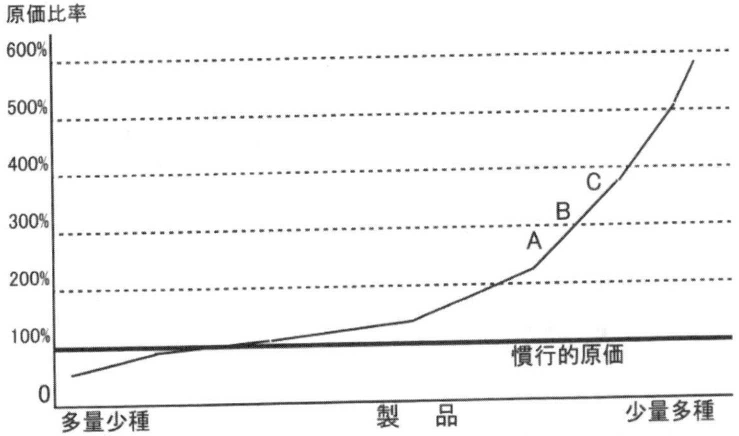

出所) P. B. B. Turney, *Activity Based Costing*, Kogan Page, 1996, p.5.図を参照。

は製品だけでは情報要求に対応できていないのである。特に、顧客を原価対象として、利益計算をする必要性が高まっている。その計算構造は次の通りである。

顧客給付(外部給付) － (製造の原価対象 ＋ 販売・保守経費等) ＝ 顧客損益

従来は、ある製品の製造原価及びその製造単価を求めるために、原価要素の消費額を特定の製品の製造に直課し、直課できないものは製造間接費としていた。そして、その製造間接費を各製品に配賦して、特定製品の製造原価を求めていた。この方法は伝統的原価計算と称せられている。原価要素の製品への直接費は正しく測定されているが、伝統的原価計算の間接費の各製品への配賦計算は価値移転どおりに配賦されていないのである。近年、この問題への解消を目指した計算方法が活動基準原価(activity-based costing: ABC)である。

ターニー(Peter B. B. Turney)は従来の原価計算と活動基準原価計算との製品原価とを比較して、**図表 2** のように示している。少品種多量の製造について、製品原価は従来の原価計算より、活動基準原価計算ではさらに、低額となっている。多品種少量の製造について、製品原価は従来の原価計算より、活動基準原価計算ではその 2 倍、3 倍、…と製造原価が高額になっている。多品種少量生産で、製品原価が高額になる事例として、ターニーは誤った市場対応と種々の要求をする顧客の事例を、次の様に記述している[3)]。

> **間違った市場に焦点を置く**
>
> 原価は市場を観るのに重要な決定事項である。従って、管理者が最も収益性があるものとして認識している市場へ関心を払いそして資源を注ぐことはごく自然である。そして、これらの市場で売られた製品の収益性を報告するものが原価システムである。管理者は利益を追跡するものの、利益は原価システムの幻影となっている。例えば、Mueller-Lehmkuhl 社の事業は 2 つの製品(器械とファスナーの取付)を結合することであり、その製品を 1 パックとして顧客に売り出すことであった。この会社はこの器械を顧客に故意に低価で賃貸した。このことは非常に競争力のある地位を確立した。それから、利益を得るために、ファスナーはこの原価と器械の残りの原価を上回るように値付けされた。表面上は、すべて良く見えた。顧客たちは喜び再購入した。しかしながら、Mueller-Lehmkuhl 社は原価システムに問題があると気付いた。それは全原価を器械ではなくファスナーに跡づけた。そのため、このシステムはファスナーと器械の原価を分けるように再設計された。これがなされると、以前の収益性の認識は実際かなり歪められてることが明らかとなった。
>
> なぜならば、いくつかのファスナーは労働集約的であり、古い原価システムは直接作業時間基準に基づいて、あまりにも多くの原価(取付器の原価を含めて)を割当てた。このことはファスナーがかなり原価が高くて不採算に思えるようにした。それで、長年かけて、Mueller-Lehmkuhl 社はこれらの「高価格」で「薄利」のファスナー製造ラインのものに少しも販売努力をしなかった。その結果、この会社は魅力的な市場から撤退した。
>
> **間違った顧客サービス**
>
> どれくらいの利益が各顧客から実際にもたらされたかを掴むために、かって調べたましたか。もし、慣行的原価情報でこれを調べたならば、どれもおそらく素晴らしいと見えると思える。しかしながら、もし、顧客収益性の活動基準原価計算研究をしたとするならば、

違いが分かりショックを受けるかもしれないと思う。何人かの顧客は顧客価値以上に費用がかかる。それと異なる顧客は様々に異なった水準の支援を必要とすることが一般的にわかる。ある顧客は標準的な製品を時折に、しかも大量に買う。顧客の技術者がすべて必要な訓練をし、ほとんどの分野の問題を解決するので、顧客はめったに顧客支援部門を呼ばない。しかしながら、他の顧客は規格外の製品を買うかもしれない。さらに、この顧客の購入はよく頻繁にしかも少量である。よくいつも注文を変えるし、呼び寄せては迅速な対応を期待する。加えて、規格外製品の複雑さは、しばしば重いエンジニアリングの努力を必要とする。結果として、こうした顧客は販売、受注、顧客サービス部門に頻繁に電話をする。

製品の原価情報は販売価格の意思決定に不可欠である。伝統的原価計算を用いての「間違った市場に焦点を置く」事例の 1 パック製品は、当初の製造原価数値が低額であったがゆえに、市場性があった。そのファスナー部分は労働集約的で、間接費の配賦基準を直接作業時間に代えると比較的正確な評価に近づき、利益率が低くいと分かり、生産量を少なくしていった。**図表 1-2** の多品種少量生産は伝統的原価計算の製造原価の数倍の評価となっている。伝統的原価計算の製品への直接費は正確である。その製造間接費の配賦計算からの断絶が必要で、製造活動の内部の価値移転の認識と測定が、新しい原価計算の課題である。

間違った顧客サービスの事例について、顧客には追加サービスを不要とする顧客と、追加サービスを要求する顧客がある。後者の顧客対応は特定顧客への直接費なのである。後者の顧客への追加価値増加を伝統的原価計算で処理しようとすれば、販売費で扱われるか、または、工場の製造間接費で扱われることになる。それゆえに、不採算の顧客が見えてこないのである。顧客への給付対応の原価を求めようとすれば、原価計算の対象を従来の製品原価から、顧客に対応した原価計算が必要となる。製品の顧客への販売価格決定には製造原価に付加される諸サービスを加算した原価計算が課題となっている。

原価の本質は組織が価値を作り、その価値の増加に対する価値消費を考究することで明らかとなる。営利組織の価値創造は**図表 1-3** で示されているように、価値連鎖(value chain)

図表1-3　組織の価値連鎖

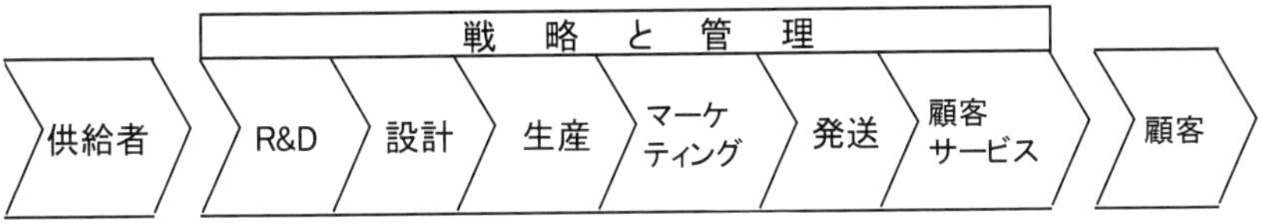

出所）C. T. Horngren, G. Foster, S. M. Datar, Cost Accounting, 1994, p.7.

として知られている。研究開発(R&D)は「新製品、新サービス、新しいやり方に関係したアイデアで生み出したり、試みたりすること」4)である。製品にはライフサイクルがあり、今売れている製品もやがて売れなくなり、その後の製品・サービスの研究開発を行うことを必要としている。

急速に社会変革を及ぼしている IT(information technology)に適応しないと産業界から取り残されてしまう。20 世紀後半のコンピュータの出現は正確で瞬時に計算してしまう機能から、機械の制御、事務のオートメーション化で、生産性を高めた。1990 年代のインターネットは、企業間(BtoB)、企業顧客間(BtoC)と時空を超え、しかも安価で情報伝達が可能となった。さらに、最近は IoT(internet of things:事物のインターネット)、人工知能(artificial intelligence)などの技術が発展して、第四次産業革命と呼ばれている。IT は産業界ばかりでなく、原価計算技法にまで影響を及ぼしている。原価計算システムへの入力に必要なデータも作業に付随する各種のセンサーから自動的に獲得できるようになる。組織が科学技術と社会の漸進的変革に適応していくのには研究開発を必要とする。研究開発は経営環境の変化に適応して、組織の持続可能性や競争優位他状態を維持するの重要な機能である。

特定の開発計画と実施プログラムが設定されるとプロジェクト組織が立ち上がる。会計期間を超えるプロジェクトは、プロジェクト完了までの複数の会計期間に及ぶ期間の原価を求める場合がある。給付単位は 1 プロジェクトが 1 原価単位となる。伝統的原価計算では、いくつかのプロジェクトが走ると、プロジェクト共通費の配賦問題が惹起する。

設計も開発と同様にプロジェクト原価計算が適用される。通常は 1 会計期間内に完了する。設計には製品設計と生産設備の設計がある。製品設計は製品の価値と製品原価をトレーとオフして進める。この時の視点は、財務の売上高と費用ではなく、次の算式に落とし込むことにある[5]。

予定販売価格 － 目標利益 ＝ 目標原価

原価企画(target costing)もこの算式に落とし込むことを到達点としているが、組織の価値連鎖を包括的に管理する方法である。少なくとも、外部からのサプライ、研究開発、設計、生産、マーケティング、発送、顧客サービス、市場調査等の関係者のネットワーク組織で問題解決に取り組んでいる。門田康弘は「原価企画とは、顧客の要求を満たす品質をもった製品を企画し、中長期利益計画で必要とされる目標利益を所与の市場環境条件の中で達成するために、新製品の目標原価を決定し、要求品質・納期を満たしながら、目標原価を製品の設計上で達成するようにとりはからう全社的活動である。」[6]としている。こうした原価企画の活動が目標原価の形成に至るのには、また、価値消費を集計する計算構造を必要とする。

伝統的原価計算の対象は原価の3要素の生産活動への消費に視点をおいていた。ホーングレン(Charies T. Horngren)等は、生産は「”自社受け物流”としての調達、輸送、保管と、”作業”として製品製造またはサービス提供への諸資源を調整して組立てること」[7]としている。材料の仕入原価はその値段だけでなく、調達と検収の事務費、輸送費、保管費などを結合しないと、生産へ消費された正しい原価を把握することができないのである。ある材料の単価が輸入すると¥500、自国産は¥1,000であるとしても、材料消費に給するにいたる経費が多々あるので、材料の値段だけではどちらが有利かの判断は難しいのである。原価計算では比較可能な原価の評価が期待されている。近年、地産地消、海外生産から自国生産への回帰などが見直されている。

マーケティングの広告宣伝費の多くは間接費であるが、特定顧客への販売促進費は直接費である。販売契約に続く、発送費である販売充足費のほとんどは直接費である。製造原価に続くマーケテイングと発送費を加え、さらにアフターサービスを加えたものが、顧客への外部給付に対する売上原価であるべきである。製品そのものに加えて、保守サービス、利用方法の説明などは、顧客がその価値を認めて、顧客満足をもたらして、売上増加につながる。前述のターニーの示した事例「間違った顧客サービス」に示されているように、保守無用な顧客とは逆に、サービス対応を強く要求する顧客へは直接費として加えた外部給付としなければならないのである。

原価情報は原価管理へも利用される。実際の会社では不祥事はなくならないもので、日本では2007年、会社法で内部統制(internal control)が制度化された。原価管理も内部統制との連携して、活動する必要がある。米国のCOSO(Committee of Sponsoring Organization of the Tradway Commission)の内部統制には3つの目的と、5つの構成要素がある。COSOは「内部統制は、以下の範疇に分けられる目的の達成に関して合理的な保証を提供することを意図した、事業体の取締役会、経営者およびその他の構成員によって遂行されるプロセスである。・業務の有効性と効率性　・財務報告の信頼性　・関連法規の遵守」[8]と定義している。

図表1-3で示されたR&Dから顧客サービスまで業務がある。業務の有効性は社外的思考で、顧客、他社、ひいては社会に有益な効果を及ぼすことである。業務の効率は社内的思考で従業員が仕事を楽にしてより成果をだせることである。効率性の真逆にあるのが無駄であり、組織から無駄を排除することが求められている。会計情報からの信頼性の要件は検証可能性、表現の忠実性、中立性である。検証可能性はある出来事に対して、専門担当者同士のチェックによりデータとなり、また、外部の検証により信頼性が高まる。表現の忠

実性は出来事をありのままにデータ化し、ご都合主義を排除する。会社は誰の者か、会社は社会的存在で、中立性を保持する必要があり、特定の利害関係者のためにデータを起こすことを避ける。短言すれば、財務報告の信頼性は誤謬を排除することである。関連法規の遵守が明文化される以前は経営倫理という抽象的な考えであったが、社会の法律に抵触しないで業務を遂行することである。従業員は関連法規を知らないかもしれないので、さらに企業は業務マニアルを整備することである。関連法規の遵守は一言すれば、不正の排除である。

COSO はこれら 3 つの目的に対して、5 つの構成要素として「監視活動、情報と伝達、統制活動、リスクの評価、統制環境」[9]を示している。原価管理は COSO のプロセスを踏まえて、さらに発展させることが重要である。統制のプロセスとして監視活動と情報の伝達と統制活動は連携して行われる。統制環境は経営管理者が内部統制に責任をもって組織を営んでいるかの観点である。もし、経営管理者が不正・誤謬・無駄を排除する意思がなければ、統制環境が不備ということになる。リスクの評価について、業務の遂行には多かれ少なかれリスクが伴っている。過去の成功体験もまた繰り返し行っても同じ成果を得るとは限らないのである。経営行動に先立つ意思決定に際し、リスクを評価しておく必要がある。保険は金銭的リスク回避の方法である。将来起こるかもしれないリスクに対処しておくのが、将来のリスクの回避、リスク対応損失の減少につながるのである。

監視活動、情報と伝達、統制活動の内部統制の 3 つの構成要素は、原価管理をする要素でもある。管理には望まれている予測価値がある。そして、実際の生産活動から原価データを収集し、原価情報を管理者に伝達する。予測価値と実際の原価情報とに問題点がないかを見ることが監視である。監視して問題点があれば、さらに追加情報を集めて、改善活動を指揮するのが統制活動である。内部統制は組織として当たり前の状態を維持し、管理活動は、真に業務の有効性と能率のある組織を導くものである。

これまで、見てきた原価は貸借対照表の製品と仕掛品の評価をすること、製品の売価決定のために製品原価を求めること、生産活動の価値連鎖の項目の管理をすることを目的としていた。溝口一雄も原価計算の目的を次の 3 つとしている[10]。

① 財務諸表を作成するのに必要な原価を集計すること。

② 経営管理者の各階層に対して、原価管理に必要な原価資料を提供すること。

③ 経営者が経営上の計画を行うのに必要な原価資料を提供すること。

日本の原価計算基準の原価計算の目的には 5 つの目的を掲げている[11]。シュマーレンバッハは「原価計算の諸目的のうち最も主なるものは経営過程の管理と価格の計算である。特に両者両立することがあり多くの場合には両者の内何れか一つが第一義に置かるることがある。」[12]と。彼の観点は、原価の財務諸表作成目的は二の次で、原価計算の目的は生産過程の管理の目的と、その製造原価から販売価格を決定することを目的としている。かくして、第1に、原価情報は財務会計目的として製品と仕掛品の棚卸資産の評価する。第2に、売価決定のための製造原価を求めて、製造原価以下の売価では利益がないで、製造原価以上の売価でいくらの粗利益が出るかがわかる。第3は経営管理者が経営の価値連鎖機能の管理をするために原価情報を用いる。また、経営者が原価情報を戦略的計画の立案とその検証に利用する。統制過程に会計データの定量情報が不可欠である。

戦略的経営管理に関連して、M.E. ポーター(Michael E. Porter)の戦略と競争優位の組織に導く要素は、差別化、コストリーターシップと集中である。製品を差別化すると希少価値が生じ、顧客価値を高めることになる。組織内にあって製造工程を合理的に行い原価低減に下げる。製品価値が高くその原価が低価であれば、利益額が大きな製品となり、利益の高い製品の製造販売に集中することが競争力のある組織となる。戦略的管理会計は原価の本質に根ざしている。

こうした原価計算の目的に対して、ジョンソンとキャプラン(H. Thomas Johnson & Robert S. Kaplan)は著書『レレバンス・ロスト(Relevance Lost)』の、特に第6章の「原価管理から原価計算：目的適合性の喪失」の中で、これまでの原価計算はその原価管理の目的に適合していないことを「1925年までに、アメリカの製造業は、今日知られている実質的にあらゆる管理手法を開発してしまった。…ところが、1925年以降、複合的階層組織の問題を管理するために管理者が利用した情報に微妙な変化が起きた。1920年代までは、管理者は、財務数値を生み出す根底になった過程、取引及び事象についての情報に依存していた。しかしながら、その後1960年代1970年代までは、管理者は財務数値そのものに依存するのが通常になった。」[13]と指摘している。

1920年代と1960年代を比較して、生産形態が多品種少量生産、また、NC制御の機械化で製造間接費が増加した。これらにより原価管理に原価数値が適合しなくなったと言われている。そして、1988年に出版された『レレバンス・ロスト』で指摘されたように原価管理は衰退し、原価計算は財務目的で棚卸資産の製品と仕掛品の算定には利用されていた。原価管理目的に原価計算が適合しなくなった点について、まず、製造間接費を用いた配賦計算に疑問があった。ジョン・マン(John Mann)はすでに1903年に間接費の配賦計算を次の様に問題視していた[14]。

> 明らかに、もし作業が均質であるならば、間接費は鋳型の中の金属重量に応じて配賦されるかもしれない。……軽量品や重量品とか、生砂、乾燥型砂および真土のような各種のような各種の鋳型の製造が異なった方法である状況で、原価発生の違いを確かめるために

は、差別的なレートが計算されるべきである。

J. マンは真土鋳型の費用配賦率は生砂鋳型の2倍、乾燥型鋳型はその中間と考えていた。鋳型の砂は通常再利用するために、砂だまがないように再生処理が必要で、また砂の性質で扱い易さと、鋳物の精度が異なることが分かった。J. マンの指摘は「エンジニアがたいていは非常にコストをかけて注意を払ったのは、原価の発生を引き起こした特定の活動に間接費を跡づけることであった。換言すれば、企業のすべての原価を製品の直接費として跡づけようとしたのであった。」[15]としたことで、生産組織の価値連鎖を製造においても製品への跡づけとする、重要な知見であった。

原価計算の計算目的に関して、シュマーレンバッハは「計算価値(Kalkulationswert)とは、その数字的決定が経営の経済的選択過程を正しく導く目的を有する処の価値である。数字的に定められたる計算価値は、之に役立つ為には、或る事物が経営に対して有する価値と等しきものでなければならぬ。即ち計算価値は経営価値(Betriebswert)と等しくなければならぬ。」[16]と。組織には価値連鎖があり、製造には製造過程があり、高付加価値で高価値消費のプロセスを通過すれば、製造原価が高額になる。この製品の材料が数年に低価で仕入れたからと言って、製造原価は安くできたと計算するのでなく、その会社の経営価値に従うのである。製造間接費の配賦計算の問題は製造プロセスを無視していることに起因する。たとえ部門を措定しても、個々の資源やサービスの価値移転を個々に跡づけていないことにある。

米国のペイトン(William Paton) は「原価計算担当者の業務にとって根本原理は ― それなしでは原価計算ではないというものである ―、 生産に用いられたどんな物品や用役の価値も、原始財が費やされた対象あるいは製品の中に入り込み、その成果に凝着して価値を与えるという公理である」[17]と、素材、道具や機械、作業の賃金等の経済要素が消費され製品に結合して、製品価値が生ずることである。後に、W. ペイトンは「顧客は分類されたほんの一握りの原価金額でもって製品を購入するのではない。広く普及している市場価格で購入するのである。そして、市場価格は、、計算された原価数値より高いこともあれば低いこともあるのである。」[18]と、企業には経営価値が、顧客には顧客価値が、そして外部の経済社会には市場価格があるのである。

これまでの原価計算は意思決定の役割が期待されているが、意思決定には不適切であった。そして、ジョンソンとキャプランは「NAAによって管理会計実務担当者のために公表されている雑誌『Management Accounting』を丹念に調べてみても、1955年から1980年の間に公表された驚くべき革新は実務においては何もないのである」[19]と。それにしても、この1世紀間に及ぶ歴史のある原価計算であっても、普遍的であるべき原価理論には有益な知識があるはずである。次節で原価の諸概念を考察する。

第２節　原価の諸概念

原価の本質は原価の領域とその普遍的内実を認識する。変わらぬ本質に対して、実際に原価計算をする計算論は変化発展するのであるが、伝統的原価計算は写真のごとく変化がなく、色あせてしまった。また、原価と費用との違いも明確に存在している。原価の諸概念の中には、これからも有益なものがある。

日本の『原価計算基準』には原価の本質を次の様に規定している。

> 原価計算制度において，原価とは，経営における一定の給付にかかわらせて，は握された財貨又は用役（以下これを「財貨」という。）の消費を，貨幣価値的に表わしたものである。
>
> (一)原価は，経済価値の消費である。経営の活動は，一定の財貨を生産し販売することを目的とし，一定の財貨を作り出すために，必要な財貨すなわち経済価値を消費する過程である。原価とは，かかる経営過程における価値の消費を意味する。
>
> (二)原価は，経営において作り出された一定の給付に転嫁される価値であり，その給付にかかわらせて，は握されたものである。ここに給付とは，経営が作り出す財貨をいい，それは経営の最終給付のみでなく，中間的給付をも意味する。
>
> (三)原価は，経営目的に関連したものである。経営の目的は，一定の財貨を生産し販売することにあり，経営過程は，このための価値の消費と生成の過程である。原価は，かかる財貨の生産，販売に関して消費された経済価値であり，経営目的に関連しない価値の消費を含まない。財務活動は，財貨の生成および消費の過程たる経営過程以外の，資本の調達，返還，利益処分等の活動であり，したがってこれに関する費用たるいわゆる財務費用は，原則として原価を構成しない。
>
> (四)原価は，正常的なものである。原価は，正常な状態のもとにおける経営活動を前提として，は握された価値の消費であり，異常な状態を原因とする価値の減少を含まない。

原価とは、特定の給付に対応した経済資源の消費を金額で評価したものである。そして、原価給付計算(Kosten- und Leistungsrechnung)と言われているように、給付に原価を対応する計算である。もし、外部給付にその原価を対応するならば、給付の対価と比較することで粗利益まで評価できるようになる。原価の本質を表したこの表現は理念系に属しており、現代哲学が現実の不条理性を認識しているごとく、原価計算の実際は製品原価のみを指向しての配賦計算であって、目的適合性を喪失していた。原価の本質に如何に接近するか、換言すれば、価値移転を如何に正しく扱うかが原価計算論の課題である。

この基準の第１項目の「原価は，経済価値の消費である」ことについて、貸借対照表の資産である経済価値を消費したものが、製造原価報告書の原価要素に転化され、再び貸借対照表の棚卸資産を形成する。基準は製品原価についても経営過程の価値消費計算を要請している。しかし、伝統的原価計算では原価要素の直接費でないものは製造間接費として、製造過程の価値消費を曖昧にしている。

第 2 項目について、原価の本質の給付を規定している。経営の給付には内部給付と外部給付があるとしている。伝統的原価計算での給付対象は製品で、その製造原価を求めていた。最終給付は外部給付で、製品が顧客へ引き渡されるまでには、製品原価にさらなる価値消費が付加される。伝統的原価計算の製品原価は中間的給付に過ぎない。

第 3 項目について、原価の目的は製造業においては生産、販売業においては販売と、経営目的を限定している。また、原価計算と損益計算との区別の要請をしている。基準「5　非原価項目」は費用であって原価に参入してはいけない項目を示している。原価計算は経営目的に即したものであり、損益計算とは異なっている。経営目的に関係していない収益として、工場を映画撮影のために提供し受取使用料を得た。経営目的に関係していない費用として、火災損失が生じた。原価計算は損益計算に内在していて、損益計算の基礎にあが、期間利益を算定するに原価計算以外の収益と費用がある。

第 4 項目の「原価は正常なものである」について、もし、厳密に正常なものだけを計算していれば、その給付単位の原価は他の期間との比較可能性を有するものとなる。換言すれば会計的に正確な原価情報となる。自然災害による被害は明らかに異常で、財務会計でも処理をする。生産での異常な状態として、機械設備の故障による生産停止、不良品を作ってしまったがための追加原価などの原価情報を、正常なものと区分して明示する要請である。さらに、正常な生産活動も他の月との比較可能性があることが望まれている。繁忙期と閑散期でも原価計算値の比較をして能率の評価を可能にすることである。

第 3 節　計算論の原価カテゴリー

シュマーレンバッハは原価計算の限界について「一部、計算技術上の困難に、一部生産行程の特殊性に、即ち吾人の連結生産と呼ばんとするものに有する。」[20]と、これまでの原価計算の方法、特に製品原価計算は未熟とみていた。連結生産によるものを連産品原価(joint product cost)とすると、その典型は製油工場での製品である。そこではベンゼン、ガソリンの高額製品の原価が低価で、蒸留を経た重油の方が原価が多くかかっている。また「原価計算は最高の正確さを有する夫れでなく、正確さの経済的な限界を有するものである」[21]と、今日でも生産内部の取引を詳細に観察すれば、どれほど膨大な内部取引量になるかになるか検討がつかない。膨大な作業の１つ１つへ内部取引として接近すれば、するほど正確性が高まる。原価測定の正確性を高めようとすればするほど、集計の事務費用が多大となる。彼は製品原価の原価数値の正確性には否定的であった。そこで、彼の関心は原価の諸概念を明らかにし、経営目的に役立てようとするものであった。そして、彼の原価理論は経済学の費用理論の先駆となった。

ホーングレンは原価計算の定義について「原価計算は、ある組織で、資源を利用したり獲得したりしたコストに関係した財務情報と非財務情報を、測定し、分析し、報告する過程である。」[22]としている。財務情報とは金額であり、原価計算では給付単位として、物量、時間、そして評価のための比率など金額以外の情報も利用している。

米国の損益計算の「コストを収益に対応する(matching cost with revenue)」のように、コストは原価か費用か曖昧である。しかしながら、原価計算論においては原価と費用は区別されている。シュマーレンバッハは**図表 1-4** に示すように、原価と費用を区別している。原価は経済資源の価値消費であり、現金収支と無関係である。それに対して費用は経済資源の取得や利用の前後または同時に、必ず現金の支出がある。材料はその購入額でなく、製品に付加されたものが原価であり、消費されなかった部分は棚卸資産である。労務費は時間が給付単位であり、支払に前払いまたは未払いがあっても、原価計算の通常の期間計算である１か月間の労働の投下が原価となる。**図表 1-4** の中性費用は財務会計では費用ではあっても、原価とはならないものである。原価計算基準では非原価項目として、費用で原価にならないものの例が掲示されている。さらに、そこには利益処分も非原価項目としている。非原価項目とされている「未稼働の固定資産」「長期にわ休止している設備」などが、原価算入されると、原価の正確性の妨げになる。

図表 1-4　費用と原価との関係

損益計算:	中性費用(Neutraler Aufwand)	原価、同時に費用	
原価計算:		原価、同時に費用	付加原価(Zusatzkosten)

出所) E. Schmalenbach, Grundlagen der Selbstkostenrechnung und Preispolitik, 5.Aufi., 1930, S.12.
土岐政藏訳『原価計算と価格政策の原理』、東洋出版、1935、25 頁。

付加原価(Zusatzkosten)は原価要素の記帳にはないが、原価として付加されるべきものである。社長夫人が無償で労働を提供をした、無償で機械を使わせてもらった、過去に低価で購入していた材料の市価が高騰し、その高騰部分などが、原価に付加すべきものである。付加原価を度外視すると、正確な製品評価ができなくなる。安く製造できたからと言って、安売りしては、同一品の再製造する時に、経済資源の再調達の資金不足を来す場合がある。

a. 原価カテゴリー

原価は様々な特性がある、この原価特性を分類したものが原価カテゴリーである。原価の測定の金額と給付単位量の関係は作業量によってさまざまな特性を持っている。**図表 1-5** では、原価は変動原価と、固定原価に区分せられる。変動原価はさらに低減原価、比例原価、逓増原価に区分せられる。そして固定原価は恒常固定原価と飛躍固定原価に区分できる。それぞれの原価の特性により、管理の対応が異なっている。管理の仕方について、ある生産活動の 1 か月間の原価とその給付量が有効な定量評価を可能にする。また、ある生産状態の 1 時点の分析である、数学的には微分である、限界原価も有効な評価数値である。

図表 1-5　原価のカテゴリー

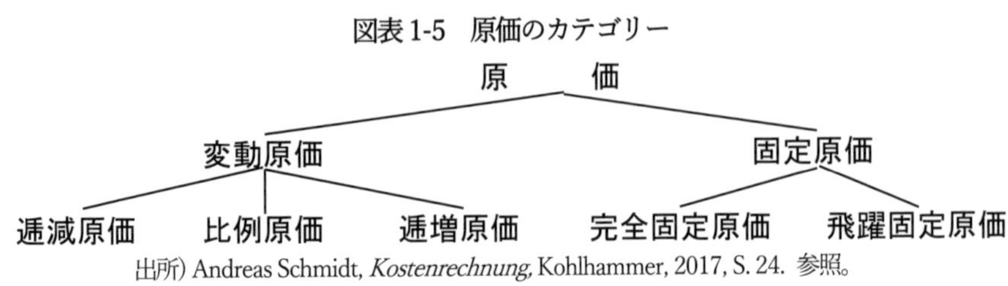

出所) Andreas Schmidt, *Kostenrechnung*, Kohlhammer, 2017, S. 24. 参照。

変動原価は、一定期間において、生産量及び販売量の増減に伴って、変動する原価である。製造の都度、調達したり、経済的資源を利用するものと言える。ある製品を製品に対して直接消費した材料費や労務費は変動費である。製品の製造量が増えれば、直接費の消費量も増える。

シュマーレンバッハは主に変動原価である事業について、次の例を述べている 23)。

総原価が厘毛に至るまで比例的であると云う経営は存在するものではない。しかしながら、原価が少なくともある程度まで比例的に進む経営はある。著しい家内工業的な経営(いわゆるマニュファクチュア、問屋制工業)は比例原価を持つ経営の内、第一のものであった。

この経営では機械も使用せず、また動力を有する大きな設備も用いなかった。これにくわえ、仕事の少ない時は労働者を養っておく事しかなかった。労働者たちは農業を営んでいたので、織物業におけるが如く事態が余りに困窮していない処では工事は中止しても、ある程度まで生活には困らなかった。これは当時の失業政策の組織でもあった。

変動原価を構成する事業は、機械も設備もなく、仕事があるときに労働者を集めて生産活動をすると、総原価の内、変動原価の占める割合が大きくなる。変動原価は操業度が高まれば、操業度に応じて高くなる。変動原価が比例的であれば、操業度に対して比例原価は直線的な比率で変化する。ある製品の比例原価は、その製品を2倍作れば、その比例原価の構成要素は2倍の金額となる。

これに対して、固定原価は、一定期間において、生産量及び販売量の増減しても、固定しているものである。製造しないときでも工場に備わっている経済資源である。固定原価の典型は機械・設備で、それらの減価償却費は過去の取得原価により決定づけられる。管理会計の視点では、固定原価である減価償却費は拘束費と区分されている。

変動原価を多く占める家内工業に対して、産業革命以降、製造業は機械化が進展し、固定原価の占める割合が多くなってきた。さらに、近年のNCによる機械設備は、複数の製品を加工するので、固定原価の増加、しかも製造間接費の比率が高まり、間接費の配賦計算が製品の原価の評価に問題を引き起こしている。

ある費用を原価カテゴリーで確認しようとしても、区別できないものもある。電力費は固定原価と変動原価の要素がある。ある電気事業会社の発電設備と配電設備は固定原価で、消費者は基本料金として支払う。重油や天然ガスの燃料費は変動原価で、消費者は電力使用量に応じて支払う。変動原価と固定原価を区別することは、原価管理者に重要である。現場の管理者にとっては変動原価は原価逓減の選択肢を多く有している。固定原価と変動原価の性質を有するものは混合費とされている。この混合費を固定費と変動費に分解することを原価分解とされている。この原価分解の方法に、ある費目が固定費要素か変動費要素が多いかでわける要素別分解法、ある費目の変動費要素は何%あるかで分解する比率按分法、最小二乗法などがある。比率按分法である費目の変動費比率が30%であれば、固定費比率は70%である。原価分解の方法として比率按分法か最小二乗法かが多く利用されている。

費用線を1次関数とすると、最も高い営業量と最も低い営業量の費用から y=vx+f を求める。v は変動費で、f は固定費で、この方式は高低点法とよばれている。次に、例を示す。

[例1]　配達費の計算で、高い点で100個の配達時の諸費用は¥20,000で、低い点の80個を配達した時、諸費用は¥18,000であった。単位変動費と固定費を求める。

20,000=v・100+f

18,000=v・80+f　　　　　　<u>変動費　v=100、　固定費　f=10,000</u>

比例原価は10個作っても、20個作っても、この場合は2倍になる原価である。製品デザインの商標権の契約で、1製品について何円と決まっていれば、比例原価であるが、比例原価は概ね比例的であるならば、比例原価とする。先の逓減原価に該当していた材料費も、製造量が毎月ほぼ同じで、増減がわずかならば、比例関係を示し、多く変動費は平均比例原価となる。管理者は繁忙期と閑散期の原価を比較し、比例原価か否かを認識することが大切で、この認識で次期の製造原価の予測の正確さが高まる。

逓増原価は10個製造している状況で、20個を作るとなると、1単位当たりの原価が上昇してしまう原価である。市場で超過需要が生じ、売値が2倍でも売れる状況の時に、逓増原価がみられる。残業で労務費が増える、材料の品不足で高値で仕入れて、材料費が高くなる。一過性の超過需要に対して、設備を増強して、その後需要が減少すると、未稼働な

図表1-6　総原価と限界原価

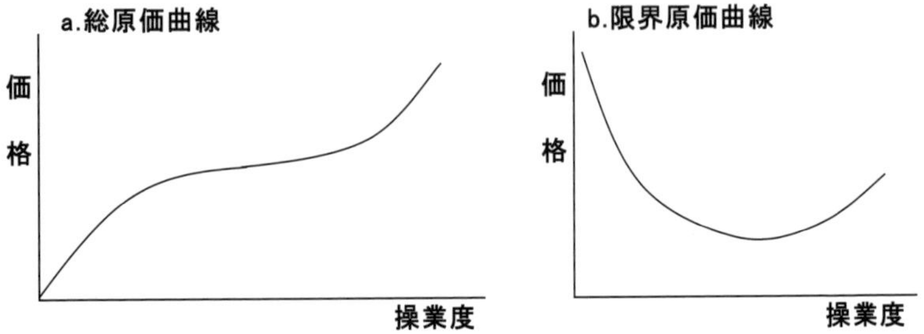

設備を増やすこととなり、余剰設備の解消に長い年月を要することとなる。次の仮説事例は、逓増原価の異常性を示すものである。

[例2]　10個の製造原価が¥1,000で、20個を製造した時、2割増しの製造原価¥2,400となった。高低点法により、原価分解をする。

1,000=v･10+f

2,400=v･20+f　　　　　変動費　v=140、　固定費　f=−400

製造業で固定費がマイナスになることはない。非線形である逓増原価を線形として扱った数学モデルを適用した誤謬がこの計算事例にはあものの、こうした状態は異常である。こうした事例は、超過需要があった時の、企業の対応時に生じる。図表1-6の総原価曲線は全製品の生産費曲線は決して下がる事は無く逓増する。そして、限界原価曲線の逓減がなくなった時点が最適操業度であり、総原価曲線では逓増が緩やかとなる。[例2]の場合は、

限界原価曲線が逓増になり、さらに、操業度を高めるた時に生じる。限界原価曲線が途切れて表示しているのは、これ以上に操業度を高めないことを意味している。一過性の超過需要が去った時に、経営者は固定費負担に苦慮することとなる。賢明な経営管理者は、一過性の需要に対しては機械設備の増強は控えて、機械はレンタルする。これによりその、リースによる機械は変動費となる。また、製造をアウトソーシングするなどの方途をみつけて、対応するのである。もし、需要が減退し、過剰設備状況になると、固定原価は階段を降りるように原価が下げられる。この時、工場の売却、従業員の解雇などが行われる。

原価カテゴリーの費用曲線とその限界曲線は同じ曲線を描かない。例えば、原価カテゴリーの固定原価の限界費用は逓減する変動曲線である。限界原価は追加 1 単位の製造原価の増分原価である。次の計算例で求めることができる。

[例 3]　A 製品の先月の製造量は 500 個で、その製造原価は¥800,000 であった。A 製品の今月の製造量は 505 個で、その製造原価は¥805,000 であった。

$$\frac{(805{,}000-800{,}000)}{(505-500)}=1{,}000$$

A 製品の先月の限界原価は¥1,000 であった

[例 3]の場合、A 製品の製造原価の単価は¥1,600(800,000÷500)であった。この時の追加製造原価である限界原価は¥1,000 である。追加増分である限界原価は変動費のみに依存する。この事例では固定費は¥300,000、変動費は¥500,000 であるので、変動費より限界原価は¥1,000(変動費¥500,000÷500)と求める事ができる。シュマーレンバッハは製造原価の正しさは限界原価にあるとして、限界原価を基礎に売価を決めて、製造量が増えれば、製造原価の単価は限界原価に近づくとしている。

b.原価カテゴリーの 1 単位原価

原価カテゴリーの総原価と 1 単位原価との関係は、**図表 1-7 原価カテゴリーの総原価と 1 単位原価**で図示されている。この関係を知ることは部分最適を目指す管理者に必要な知識である。

・逓減原価

製品を新しいやり方で加工作業する場合、作業者の習熟度が高まるにつれ、1 個当たりの加工賃は逓減して行くのである。総原価の図示は数量が増えるに従って、原価を累積する。管理者は改善を推進して、好ましい原価逓減を実現する。しかしながら、原価逓減に集中し、作るり過ぎをしてしまう、材料も仕入れ単価を下げるために在庫を増やしてしまうと、製品と素材の在庫の保管やその管理費用がかさむので、管理者は全体最適に心がけなければならない。

・比例原価

逓減原価も変動費であるが、変動費の特性を比例原価であると、しばしば仮定される。この仮定は予測値を求めるのに便利である。ある素材が100個¥100として、103個になれば¥1,030である。そして、この100個の場合と103個の場合の1単位の値段は同じく¥10である。変動費の比例原価は、適合範囲があり、素材1,000個の消費となると比例関係の適合性はなくなる。比例原価の1単位の原価は固定費の性質を示す。そして、どの製造量に対しても1個の素材の評価額は同額である。

・逓増原価

逓増原価は先の超過需要の逓増局面で述べたように、好ましい状況ではない。1単位当たりの製造原価が上昇すると、総原価はさらに増加率が高くなる。管理者は製造原価の単価が増加していないかを注視する必要がある。この場合には、原因が管理可能費ならば、管理者は改善の指示をする必要がある。市場の素材価格の上昇は管理不能費である。

・完全固定原価

ある操業度において、さらに製品を追加生産したとしても、固定原価は変化しない。ところが、図表1-7に示されているように、1単位当たりの製造原価は、製造量を増やすにつれて、その原価は急減する。固定原価の占める割合の多い産業には、映画館、ホール、有料道路、鉄道業などがある。これらの産業では利用者か少なければ赤字経営で、利用者がおおければ黒字経営となる。経済学の規模の経済を原価の視点で説明したもので、会計は何人の利用者が損益分岐点であることを明示することもできる。

機械設備費も固定原価である。この利用が少ない、全く製造に使われていないのは管理上の問題であり、この測定と問題解決法が会計課題としてある。

・飛躍固定原価

機械設備は能力費であるとされて、生産量には限界がある。生産能力を超える需要に対処するには機械設備を増強する。増強する時点で、製造原価が固定的に増加するので、飛躍原価(spring cost)と呼ばれている。機械設備の増設時の1単位原価は増設前より原価が高くなり、増産が進めば、増設前よりも原価が逓減する。

飛躍固定原価は下り階段のように進行する場合がある。操業度が低下して、未稼働の機械設備があるならば、同業者に売却して、減価償却費を無くすことである。生産性を低める原因は稼働率の悪い機械設備の保有にある。かくして、固定費も長期的には変化するものである。

図表 1-7　原価カテゴリーと 1 単位原価

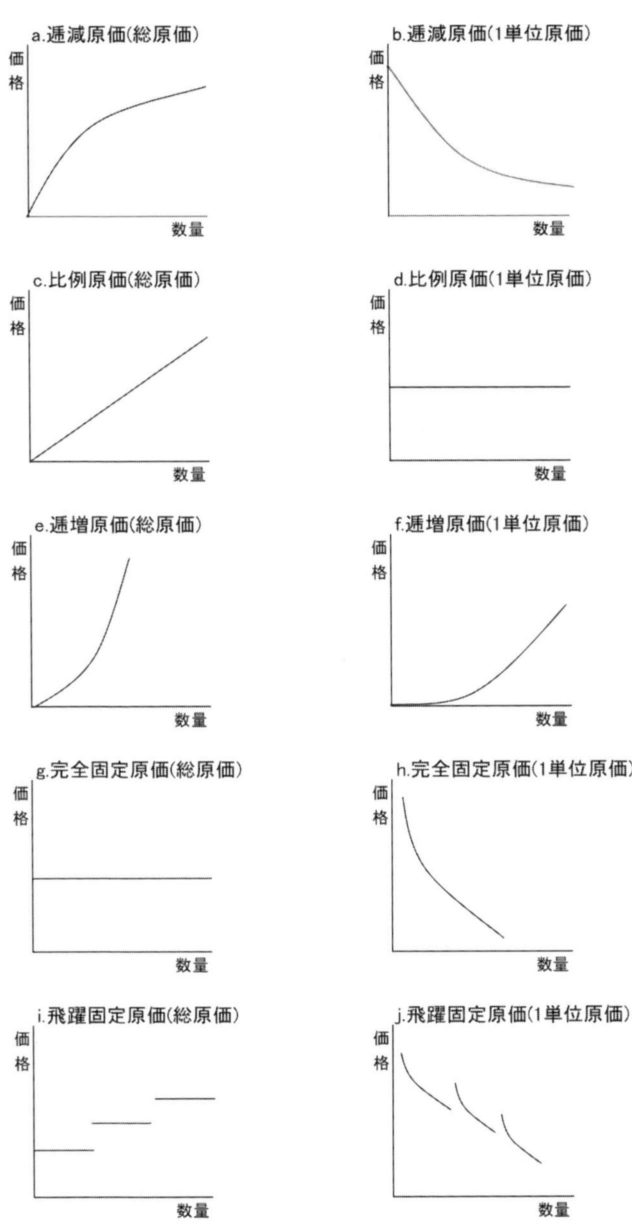

第4節　原価計算システム

簿記の生成は500年前のイタリアにまで遡ることができる。ホーングレンらは、会計システムは「組織の諸活動につていの情報を収集し、組織化し、伝達する公式な機構である。」[24]と定義している。これまでの手記簿記は手記による会計システムである。組織活動の出来事で資産・負債・資本に関係すると、簿記上の取引として仕訳帳にデータ収集される。科目ごとの増減額が明らかとなる。そして、元帳の勘定科目とその金額もとに、組織の一時点の財政状態を俯瞰する貸借対照表と、1 会計期間の損益フローとしての損益計算書が作成される。貸借対照表と損益計算書は利害関係者へ伝達される。また、この報告書は経営管理者にとって意思決定に利用されている。

簿記の自動化は機械式簿記システムから発展した。機械式簿記は単行仕訳から借方転記用カードと貸方転記用カードが作成され、それらのカードをソーター器にかけることで、元帳を機能とするカード群が生成される。コンピュータが出現すると、EDP(electronic data processing)会計に移行した。今日では会計ソフトをアプリケーションとしてコンピュータにインストールすると、コンピュータ会計を利用できる。利用者には会計知識が、なお必要とする。会計システムには仕訳データを入力するので、取引をいかに仕訳するかの知識を必要とする。また、期間損益を確定するには決算仕訳ができる高度な会計知識を必要とする。これらのデータが正しく入力されていれば、正しく報告書が出力される。今日では、会計システムを利用して会計業務がなされている。

会計システムはコンピュータのハードと OS(operating system)の上にプログラム言語により会計用のアプリケーションを開発する。この開発にはプロジェクト・マネジャーが指揮し、SE(system engineer)が設計し、この設計によりプログラマーがアルゴリズムを考えてプログラミングを行う。プロジェクト・マネジャーは仕様書通りに開発されたかの検査を確認しなければならない。

会計システムは勘定科目はコード化をする。一般的には、**図表 1-8** のように区分コード(block code)の3桁を利用する。原価の内在性により、原価科目は利益科目と費用科目の間でコード化する。800番台からは損益計算書を作成目的として、売上総利益、営業利益、経常利益、当期利益が容易に表示できるようにコード化をする。

図表1-8　勘定科目の区分コード

コード	科目
100～199	流動資産
200～299	固定資産
300～399	その他資産

コード	科目
400～499	流動負債
500～559	固定負債
560～599	その他負債

コード	科目
600～649	資本
650～699	営業売上
700～799	製造費用

取引の仕訳入力に際して、仕訳の取引データは図表 1-9 の取引ファイルのように設計する。この設計に際しては、会社の形態、取引の実態、入力者への配慮、なにより会計システムへの信頼性を高めることを考慮する。

図表 1-9　取引ファイルのデザイン

TORI02

	フィールド名	データ型	
🔑	D200	オートナンバー型	レコードNo
	D201	テキスト型	ｸﾞﾙｰﾌﾟCD
	D203	日付/時刻型	S:日付
	D204	数値型	伝票No
	D205	テキスト型	借方CD
	D206	テキスト型	借方補助CD
	D207	数値型	借方金額
	D208	数値型	借方消費税
	D209	テキスト型	貸方CD
	D210	テキスト型	貸方補助CD
	D211	数値型	貸方金額
	D212	数値型	貸方消費税
	D213	テキスト型	摘要20
	D214	テキスト型	摘要18
	D215	テキスト型	入力者

図表 1-10　原価ファイル

原価テーブル

	フィールド名	データ型	説明
🔑	ID	オートナンバー型	
	原価コード	テキスト型	04、半角英数
	製品名	テキスト型	
	製造番号	テキスト型	20、半角英数
	製造着手日	日付/時刻型	日付(S)
	製造完了日	日付/時刻型	日付(S)
	月初仕掛品	数値型	
	費目金額1	数値型	
	費目金額2	数値型	

この取引ファイルの項目に対して、伝統的な手記簿記の仕訳の項目は、日付、摘要、転記先、借方金額、貸方金額、残高金額とその貸借の欄があるが、消費税の扱い、また、今日的原価計算の記入には仕訳表示の変革が必要となっている。製造原価報告書の作成要件は

図表 1-11　原価計算表

補助コード	4001	4002	4003	4005
製品名	A品	B品	C品	D品
製品番号	95-A25-327	83-K22-405	07-M27-416	16-A32-426
着手日	20X1.03.28	20X1.04..07	20X1.04.19	20X1.04.28
完了日	20X1.04.18	20X1.04.28		
月初仕掛品	200,000			
601 材料費	70,000	280,000	300,000	220,000
602 買入部品費		130,000		
611 賃金給与	280,000	140,000	160,000	25,000
612 雑給		160,000		
621 外注加工賃				65,000
622 特許等使用料				
650 製造間接費	1,113,402	865,979	371,134	49,485
当月製造費用	1,463,402	1,575,979	831,134	359,485
合計	1,663,402	1,575,979	831,134	359,485
月末仕掛品			831,134	359,485
完成品原価	1,663,402	1,575,979		
完成品数量	1,000	1,500		
実際製品単価	1,663	1,051		
目標製品単価	1,500	1,000		

会計情報システムの勘定科目ファイルに製造費用の科目を設定し、**図表 1-9** に示す、取引ファイルのデータを集計するプログラムを作成することである。売価の意思決定には製品の個別原価情報を必要とする。この個別原価計算を作成するには、製造間接費を配賦し、個別の原価計算をするサブシステムが必要である。

A 品は高性能製品で、B 品は普及製品である。伝統的な製造間接法の配賦方法に、価格法、時間法、数量法とかがあるが、今日の製造方法は多品種少量生産が主流となっている。これらの配賦基準は複数の製品への配賦に不均等な配賦額を配分してしまうのである。また、NC 製造機は多くの製品の部品を加工してしまい、製造費に占める間接費の割合を増加させている。製造の地球規模の連携は、部品を内製か外注かの判断をするのに、自社の原価と購入の金額をただ比較するだけでは不適切で、発注、輸送、検品、支払等様々な経費が発生しているのである。この分野の知識としてサプライチェーン・マネジメントがある。

財務会計の貸借対象表と損益計算書のある勘定科目の金額は、まずは元帳の当該科目を調べ、さらに伝票番号から仕訳データがわかり、さら複雑なシステムへの複数の単位の統合は生産区域にだけ限られないが、また生産区域の前および下流の区域を含んでいるに仕訳データから証拠書類まで遡ることができる。原価計算表については、材料費や買入部品等の直接費は、財務と同様に証拠書類まで遡ることができる。しかしながら、製造間接費は配賦計算に依存しているため、ブラックボックスとなっている。

製造現場の管理者が間接費の価値移転を観察して割り当てると、間接費はグレーボックス化する。**図表 1-11** の原価計算表の計算モデルは A 品は高性能な製品、B 品は普及品である。A 品の期首の仕掛品は間接費よりも材料の直接費の割合が高が、当月においては間接費の割合が高くなる。B 品は材料を加工した安価な部材を買い入れている。また、未熟練の工員を利用して製造しているが、生産量は比較的多い。伝統的配賦方法では A 品より B 品の製品単価が高くなってしまうものもある。C 品は中旬から製造を開始したので、B 品の間接費の 50%程度でやや直接費の割合が多い。D 品は製造着手して月末となったので、間接費はわずかである。しかし、間接費の割に直接材料は多額である。これらの観察から間接費を製品に割り当てた計算を**図表 1-12** の管理者による間接費の割当で示している。

図表 1-12　管理者による間接費の割当

	A品	B品	C品	D品	合計
割当比	**45**	**35**	**15**	**2**	
割当原価	1,113,402	865,979	371,134	49,485	2,400,000

製品の製造原価の直接費は正確であるが、ホワイトボックス化するには、間接費で扱われていた領域のプロセスを明らかにすることである。このプロセスは内部取引であると認識はされているものの、間接費はブラックボックスの中にある。間接費の正確性を目論んだ部門別計算は配賦計算に依存をしているので、ブラックボックスを分割しただけに過ぎない。原価計算には価値移動の透明性を高めることが重要である。

ドイツでは、ミラーとフォルマン(Miller und Vollmann)が増額している間接費について、1985 年の論文『隠れた工場(The hidden factory)』で問題を提起して研究を促し、プロセス原価計算(Prozesskostenrechnung)が生成された。河野二男はドイツの間接費を扱うプロセス原価計算の要点をは次ように示している[25]。

① 間接領域におけるプロセスおよびそのアウトプット分析と形成によるプロセス管理

② プロセス原価管理、すなわち間接領域のプロセスの原価発生原因(Kostentreiber)

と原価関数の分析と形成

③　戦略的製品原価計算、すなわち製品のプロセス指向的計算

図表 1-13 に示されているように、原価計算の領域は貸借対照表からの経済資源の消費を入力手して、生産プロセスを経て製品、仕掛品等を生産プロセスの出力として貸借対照表へ返すものである。製品の価値形成は生産プロセスに依存していている。工員に賃金を支払っていても、その工員が生産に従事しない。また、機械を購入すれども使用しないといった状態は、その人と機械は生産をしていないことになる。よって、費目自体は給付を生み出す原因と直接関係がないのである。経済資源が生産プロセスを動かし、製品を生み出す活動が原価作用因である。今日、顧客の多様なニーズに対応した多品種少量生産もプロセス改善に依存する。板版の加工に、左辺を切断する装置の先に右辺を切断する装置を設置し、数値制御(numerical control :NC) の機械とすると、間断なく切断をする作業が可能となる。TOYOTA のカンバン方式は無在庫を可能し、部品を置く倉庫も在庫管理者も不要となっている。この方式には、組立場所で必要な部品情報は納入場所へ、この場所への必要な納品情報は納入業者へ伝達され、実物の部品が作業場所へ届く情報システムに支援された管理が欠かせない。

図表 1-13　原価計算の対象としてのプロセス

原価計算の対象領域は製造プロセスである。製品原価が高くなるか、低くなるかも、この製造プロセスに依存し、競争優位な製品の生産も製造プロセスに依存する。このプロセスの視点は英語の総合原価計算(process-costing)のプロセスとは異なり、本書の主題の活動基準原価計算(activity-based costing : ABC)の視点であり、ドイツ語圏では活動原価計算もプロセス原価計算と表現されている。

材料費と労務費の製品への直接費は正確に製品原価に付加することができる。直接製造原価以外の製造間接費である製造プロセスが活動基準原価計算の主要対象である。間接費の割当の問題を理解するための、例え話を次に示す。

2 人で、飲食店に出かけ、A 氏は 500 円の定食を注文し、B 氏は 800 円の定食を注文した。さらに 2 人でワインを飲むことにして、1 本 1,000 円のワインボトルを注文した。そして、食後レジへ向かった。レジの店員 2 人より総計 2,300 円を受け取るのみである。

この 1,000 円のワインボトルが間接費の問題を考える例である。実際には 2 人のワインボトルを分け合ったのであるが、レジ店員(管理者)にはその割合はわからない。とにかく、レジ店員は飲食を提供した、対価として 2,300 円を客から受け取れば良いのである。これは製造原価報告書の総製造原価に例えられる。

間接費に相当するワインボトルの 2 人の客への割当について、仮定として 1 本よりグラス 10 杯が取れ、A 氏が 3 杯のみ、B 氏が 7 杯飲んだとし、定食代と人を基準にして割り当てたものが、**図表 1-14** である。原価計算からは実際の飲食を基準とするのが正しい。しかしながら、実際の飲食でも、現実の工場でも給付数の把握には測定実施の経済性の問題がある。それは、数多くの割当を一つ一つ処理する労力費の費用便益の実施前提である。

図表 1-14　間接費(ワイン)の割当方法

		実際の数			人基準			直接費基準			割り勘	
	定食(円)	グラス数	ワイン(円)	合計	人数	ワイン(円)	合計	定食基準	ワイン(円)	合計	計算	合計
A氏	500	3	300	800	1	500	1000	500	385	885	2300÷2	1150
B氏	800	7	700	1500	1	500	1300	800	615	1415	2300÷3	1150

容易に計算できるのは間接費の人数割りと、総額の人数割りである。ここで注目すべきは配賦基準は実際の給付数の割当額より、割り勘の平均額へ向かって平均化する特徴がある。また、配賦基準による配賦額は、正しく測定された実際額に対して、原価が割高に評価されるか、原価が割引されて評価されるかが生じる。先に示した**図表 1-2** 活動基準原価計算と慣行的原価計算との製品原価比率にても、少量多量生産において、伝統的原価計算による製品原価は、活動基準原価計算の製品原価より高いのである。そして、多品種少量生産による少量品の原価は伝統的原価計算より、少量になればなるほど活動基準原価計算による、その製品原価は遙かに高くなる。

石油精製業の連産品の伝統的原価計算は、この会食において、2 人の所得の比により飲食代を支払うことに例えられるだろう。ここでは、2 人が享受した個々の飲食が無視されている。連産品においても、プロセス自体の中で、給付対応した原価を計算した情報が原価管理に有益である。このワイン料金の割当を 2 人に正確に割り当てるには、2 人がどの程度の分量を飲んだかに依存する。プロセス原価においても、ある作業のアウトプットとその価値消費の数値が、正確な評価に必要である。

第5節　原価管理の課題

M. ポーター(Michael Porter)は競争優位を築く3つの基本戦略に、「コスト・リーダーシップ戦略」「差別化戦略」「集中戦略」をあげている。この経営戦略にも原価が内在している。同じような製品ならば、より低価で顧客に給付すれば、顧客は低価の製品を選考する。低価で提供するには比較製品よりも低原価で製造することが必要である。製品を差別化すると、顧客の中には希少価値を認める人がいる。製品の機能やサービスを高めるには付加原価を必要とするが、その原価以上の価値を顧客が認めるようにするのが差別化である。もし、高機能化の付加原価をして製品の差別化をしても、顧客がその機能を価格以上に認めなければ、差別化の失敗となる。経済資源の消費が原価であり、自社の経営資源を顧客価値のあり、低原価で生産できる製品に資源集中し、製品需要の多い市場に販売強化する。戦略にも原価給付計算の思考が重要である。

ターニーは1996年著『活動基準原価計算—業務の問題打破』のなかで、従来の原価計算の問題点を次のように指摘している[26]。

・間違った製品を売っているか
・間違った顧客に(財・サービスを)提供しているか
・製品デザインは原価を不必要に高くしているか
・プロセスの設計は原価を増加しているか
・組織構造は原価を上昇しているか
・原価は原価削減の実施計画に関わらず、上昇しているか
・海外移転の決定は原価増加に従っているか

これらの問題点の打破には、製造への増大してしまった間接費の内実の原価活動を考究する必要がある。「製品への間違った製品を売っているか」について、**図表1-2**で示されている、活動基準原価計算と伝統的原価計算に示されている、多品種少量生産の少量生産品を伝統的原価計算の製造原価と比較すると、少量生産になればなるほど、伝統的原価の2倍、3倍と活動基準原価計算では製造原価が高くなっている。こうした製品を正しくない原価情報により売価を決定してしまえば、売れ行きは良いかもしれないが、売れば売るほど損失が膨らんでしまう。原価情報による価格決定は活動基準原価計算が望まれている。

「間違った顧客に(財・サービスを)提供しているか」について、顧客はしばしば、製造に

関して、高い精度を要求することがある。この顧客の要求に対して、追加の作業時間、追加のプロセスが必要となる。また、顧客は製品引き渡し後も、設置や調整や利用法の指導まで要求する場合がある。これらの追加の価値消費には、顧客へ対価を請求する必要がある。間違った顧客は、サービスの提供を要求すれども、受け取ったサービスに対価を支払わないのである。製品の製品原価に加えて、外部給付までの、サービスの付加とその原価を把握することが望まれている。

「製品デザインは原価を不必要に高くしているか」について、かって、日本の携帯電話機は高機能で高価格の「ガラ携」と呼ばれる製品へと変化した。海外からインターネットとこれを基本とする通話機能の「スマホ」が出現し、世界市場をたちまち席巻してしまった。科学技術は加速度的に発展している。新技術の出現は現状の技術製品をたちまち陳腐化させてしまう。製品のライフサイクルに対して、新製品を開発して、売価を決定しなければならない。無造作な売価決定は新製品が高すぎて売れないか、安値の原価割れで、売れば売るほど損失が拡大するかに陥る。製品の設計には原価企画(target costing)を提供しているが、直接製造原価は明確であるが、製造間接費を対象とするの原価形成構造を明らかにする必要がある。

「プロセスの設計は原価を増加しているか」について、原価形成の原因はプロセスであり、プロセスでいかに価値増加をし、いかに資源消費を少なくするかが、本来的な製造活動である。プロセス設計の工場内製造活動では、ライン生産かセル生産か、ロボット化か人手の作業か、プッシュ生産かプル生産かの運用か、多くの選択肢のから製造プロセスを設計する。設計段階でコスト戦略の優位性が決定される。製造プロセスの運用段階においても、プロセス内の各業務を PDCA サイクルで原価低減をはかる。原価を増加させないためには業務の業績評価指数が必要である。

「組織構造は原価を上昇しているか」について、R.N. アンソニーらは**図表 1-15** 計画と統制間の一般的性質に示されているように、生産組織の階層を戦略的構成、経営管理[27]、業務統制との 3 階層に区分している。戦略的構成と経営管理は**図表 1-3** 組織の価値連鎖の諸業務の上部の「戦略と管理」に相当する。これらは業務の視点からは間接費(overhead cost)である。

また、**図表 1-3** 組織の価値連鎖の研究開発(R&D)と設計も間接費(overhead cost)である。研究開発は現状以上の顧客価値創造に重要な機能を持っている。製造プロセスの設計は多大な製造原価削減を可能にする。これら間接費がうまく機能していれば良いが、成果がなければ費用が発生するだけである。

図表 1-3 の生産、マーケティング、発送しと顧客サービスは原価の対象を製品または顧

図表 1-15 計画と統制間の一般的性質

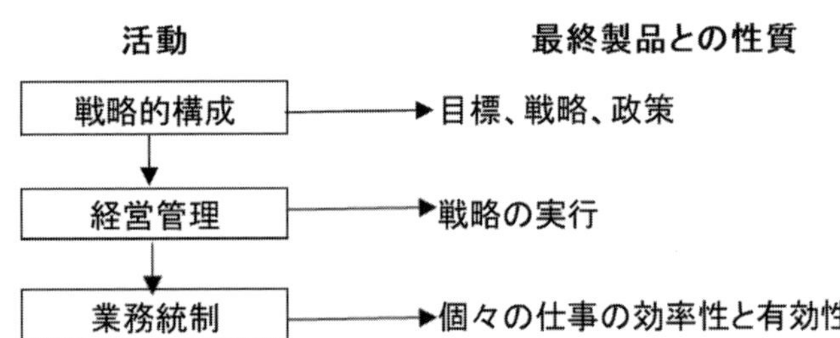

出所) R. N. Anthony, V. Govindarajan, Management Control Systems, IRWIN, 1995, p.9.

客とすると、特定の原価の対象のみへ特定できるものは直接原価が、複数の原価の対象に関わるものに間接原価(indirect cost)が生じる。原価計算の1ヶ月の会計期間、間接費の割当を考慮すると、原価計算の業務対象は生産から下流に向かっての領域である。

業務を統制する過程は**図表 1-16 統制プロセスの要素**で示されている。業務の活動はある価値消費がある価値を増加する出来事である。この出来事が金額として認識できるならば、内部取引の仕訳データとなる。このデータはコントロール装置としての原価計算システムへ入力され、集計されて、製造関係者に報告される。会計データの特質として検証可能性があり、人間による検証を必要としている。原価計算システムにより、製造活動を評価するには従来の原価金額ばかりでなく、給付数も必要とする。給付対応の原価は　評価は原価と給付である。給付の測定なしには有効な評価は困難である。よって、評価を有効にする給付データが期待される原価計算システムの要件である。また、システム要件として、主製造活動とこれを支援する活動の単位を扱えるファイル設計がある。支援活動の原価は給付数を基本として主活動へ割り当て、従来の間接費が可視化される。可視化された原価評価は予測価値と比較される。もし、問題があれば業務の実行者へ伝えることになる。

「原価は原価削減の実施計画に関わらず、上昇しているか」について、伝統的原価計算の原価費目の金額を見て、正しく評価することは困難である。操業度が下がれば原価費目の金額は下がるし、操業度が上がれば原価費目の金額は高くなる。前項で、業務活動の評価に活動原価と給付量との比較が有効であると述べた。操業度の変化に対しては、変動原価のみが増減するだけで、固定原価は一定だある。伝統的原価計算において、操業度が低下して、業務活動の能率が向上しても、なぜ製造原価が下がらないのか評価問題がある。この問題の解消には製造原価の中の無駄を認識することである。無駄とは製造活動において、価値消費はあるけれども、価値増加の無いものである。例として、材料の加工の失敗、

図表 1-16 統制プロセスの要素

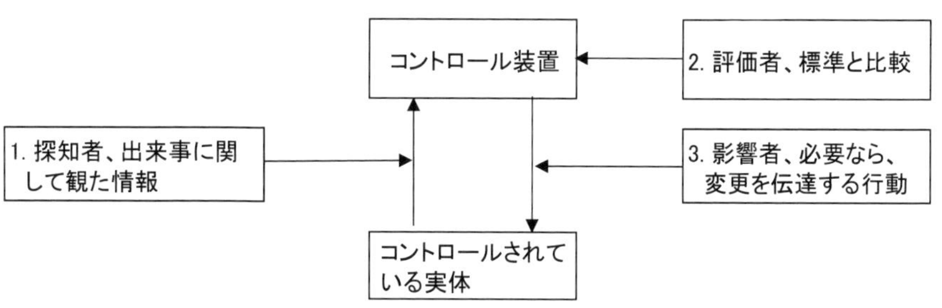

出所) R. N. Anthony, V. Govindarajan, *Management Control Systems,* IRWIN, 1995, p.4.

工員の手待ち、利用されていないときの機械の減価償却費など多くある。製造活動の領域において、業務から無駄を排除することが優先的な原価削減策である。

「海外移転の決定は原価増加に従っているか」について、これは材料や部品が自製と海外からの輸入品と比べて、輸入品が低価であれば輸入品を利用するという意味である。しかし、輸入品には「隠れ原価(hidden cost)」がある。輸入品の価格に対して、発注手続き、迅速入手で航空便の利用、税関、保管、検収などの原価を伴い、輸入に伴う諸活動原価がある。さらに、輸入以前の品質適合調査があり、もし、不良品が製品に組み入れられた将来リスクがあり、本当に原価低減に貢献したかを見極める必要がある。

伝統的原価計算は、ターニーの７つの指摘事項に対して、組織の意思決定者を支援する原価情報を提供できないでいる。まさに、これまでの製品原価を求める計算は目的適合性を失っている。原価計算の目的は大別して、財務計算として貸借対照表の棚卸資産を評価すること、個々の製品原価を算定して価格を決定することに利用すること、原価情報により原価管理プロセスを形成して価値創造活動の効率性と有効性を目指すことにある。

原価計算の財務目的は製造原価報告書を作成することにより達成される。特徴は原価でなく発生費用である。財務費用は必ず支出を伴っている。機械の保険料のように前払いをして、その機械の経過により費用化するものもあれば、買掛金で材料を仕入て、その材料を製造に消費した分だけ費用化ものもある。原価の本質を理解するには、天動説から地動説へのコペルニクス的転回が必要である。それは費用支出から価値創出に対応した資源の価値減少を認識することである。価値創出は顧客価値と関わっている。原価理論は営利組織の生産性を高めて、社会を豊かにし、非営利組織に対しては支出の効率性を高めてサービスの有効性を高める。さらに、原価理論は組織の持続可能性(sustainability)を考慮する地球環境保全に貢献をする。特に、環境経営に有効なのがマテリアルフロー原価計算である。

原価計算の領野は損益計算に内在している。外部への給付は、給付した対価として売上高という収益である。しかし、収益は給付以外のものを含んでいる。例えば、工事を映画の撮影のために提供して使用収益を得たというものがある。原価ではないが費用であるものは多々ある。その事例は原価計算基準の非原価項目である。原価管理による価値増加と価値減少を計ることは収益改善を導くのである。

原価活動そのものは複雑多様である。材料、人手、サービスの資源消費は会計の費目で、または部門費計算の構造で捉えられるものではない。諸資源と製造プロセス、製造プロセスと原価の対象は網の目構造で、それらの間の内部取引は膨大である。原価活動の可視化には二次元表示のマップを必要とする。また、膨大な内部取引処理には、コンピュータのビッグデータ処理に依存する。

情報技術(Information Technology: IT)の発展は、戦後のコンピュータは、手記による帳簿から、磁気媒体のファイルと超高速な計算処理により報告書を出力した。21 世紀直前のインターネット社会は隔った事業部と事業部を同期してのグループ会計とすることを可能にした。今日、進展している SOCIETY5.0 は活動単位の 1 つ 1 つの所作をそのセンサーにより自動的に測定し、原価計算システムへの入力となるのである。

小　括

先人達が明らかにした原価の本質、総原価の知識は有効性がある。しかしながら、伝統的原価計算は目的適合性の喪失から、新しい原価計算が待望されている。この新しき原価計算は、伝統的原価計算の間接費(indirect cost)の配賦計算に代えて、イノベーションを起こした活動基準原価計算である。活動基準原価計算は原価形成の要素として活動プロセス識別し、その個々の活動を活動単位として給付対応の原価を測定し、プロセスの諸活動を比較可能性を有して業績評価をすることを特徴としている。そして、活動プロセスを経た製品原価は原価対象として評価される。この原価対象の計算額は伝統的原価計算に比較してより信頼性が高い。信頼性のある原価対象を導く計算技法として、本書ではコンピュータシステム利用を前提としている。活動基準原価計算システムを利用しないで、内部取引を処理することは、その件数が多すぎて困難であろう。この取引件数の多さの測定問題を解消するのが、コンピュータシステムのデザインである。2 章では、活動基準原価計算の評価問題点を解消し、3 章では原価目的を考察し、4 章では膨大な取引問題を解消し、目的適合性のある活動基準原価計算システムを闡明にしている。

注

1) 宮上一男編『会計学講座 6　シュマーレンバッハ研究』世界書院、1980、301 頁。

2) Andreas Schmidt, *Kostenrechnung,* Kohlhammer, 1996, S.16.

3) P. B. B. Turney, *Activity Based Costing,* Kogan Page, 1996, pp.6-7.

4) C. T. Horngren, S. M. Datar, M. V. Rajan, *Cost Accounting – A Managerial Emphasis,* Pearson, 2015, p.28.

5) 小林英幸『原価企画とトヨタのエンジニアたち』、中央経済社、2017、10 頁。

6) 門田康弘『価格競争力をつける原価企画と原価改善の技法』、東洋経済新報社、1994、8 頁

7) C. T. Horngren, S. M. Datar, M. V. Rajan, *Cost Accounting – A Managerial Emphasis,* Pearson, 2015, p.28.

8) トレッドウェイ委員会組織委員会、鳥羽・八田・高田共訳『内部統制の統合的枠組み』、白桃書房、2003 年、18 頁。トレッドウェイ委員会組織委員会（the Committee of Sponsoring Organization of the Treadway Commission）の略称が COSO である。

9) 同上書参照。

10) 溝口一雄『原価計算入門』、税務経理協会、1989、4 頁。

11) 昭和 37 年に設定された『原価計算基準』第 1 章、1 では、次の様に規定している。

1　原価計算の目的

原価計算には，各種の異なる目的が与えられるが，主たる目的は，次のとおりである。

(一) 企業の出資者，債権者，経営者等のために，過去の一定期間における損益ならびに期末における財政状態を財務諸表に表示するために必要な真実の原価を集計すること。

(二) 価格計算に必要な原価資料を提供すること。

(三) 経営管理者の各階層に対して，原価管理に必要な原価資料を提供すること。ここに原価管理とは,原価の標準を設定してこれを指示し,原価の実際の発生額を計算記録し,これを標準と比較して,その差異の原因を分析し，これに関する資料を経営管理者に報告し，原価能率を増進する措置を講ずることをいう。

(四) 予算の編成ならびに予算統制のために必要な原価資料を提供すること。ここに予算とは，予算期間における企業の各業務分野の具体的な計画を貨幣的に表示し，これを総合編成したものをいい，予算期間における企業の利益目標を指示し，各業務分野の諸活動を調整し，企業全般にわたる総合的管理の要具となるものである。予算は，業務執行に関する総合的な期間計画であるが，予算編成の過程は，たとえば製品組合せの決定，部品を自製するか外注するかの決定等個々の選択的事項に関する意思決定を含むことは，いうまでもない。

(五) 経営の基本計画を設定するに当たり，これに必要な原価情報を提供すること。ここに基本計画とは，経済の動態的変化に適応して，経営の給付目的たる製品，経営立地，生産設備等経営構造に関する基本的事項について，経営意思を決定し，経営構造を合理的に組成することをいい，随時的に行なわれる決定である。

筆者が原価を探求し、この基準の「非原価項目」を回顧すると、原価の価値消費はあっても、価値を生まない無駄概念に至り、無駄の排除は人間の活動、行政組織、地球環境にまで及び、原価計算の3つや、5つにとどまらないのである。

12) シュマーレンバッハ著、土岐政藏訳『原価計算と価格政策の原理』、東洋出版社、1935年, 201-202頁。

13) H. Thomas Johnson, *Robert S. Kaplan, Relevance Lost: The rise and Fall of Management Accounting,* HBS Press, 1991, p.125-126.

H.T.ジョンソン、R.S.キャプラン著、鳥居宏史訳『レレバンス・ロスト』、白桃書房、1994年、115頁。

14) H.T.ジョンソン、R.S.キャプラン著、鳥居宏史訳『レレバンス・ロスト』、白桃書房、1994年、122頁。

15) 同上書、1994年、121-122頁。

16) シュマーレンバッハ著、土岐政藏訳『原価計算と価格政策の原理』、東洋出版社、1935年, 33頁。

17) H.T.ジョンソン、R.S.キャプラン著、鳥居宏史訳、前掲書、124-125頁。

18) H.T.ジョンソン、R.S.キャプラン著、鳥居宏史訳、前掲書、128頁。

19) H.T.ジョンソン、R.S.キャプラン著、鳥居宏史訳、前掲書、163頁。

20) シュマーレンバッハ著、土岐政藏訳、同上書、15頁。

21) シュマーレンバッハ著、土岐政藏訳、同上書、15頁。

22) C.T. Horngren, S.M. Datar, M.V. Rajan, *Cost Accounting:* A Managerial Emphasis, Peason, 2015, p.26.

23) シュマーレンバッハ著、土岐政藏訳、同上書、47頁。

24) C.T. Horngren, G.L. Sundem, W.O. Stratton, D. Burgstahler, J. Schatzberg, *Introduvtion to Management Accounting,* Peason, 2011,p.25.

25) 河野二男『プロセス原価計算論序説』、税務経理協会、2000年、34頁。

26) Peater B. B. Turney, *Activity Based Costing: The Performance Breakthrough,* KoganPage, 1996, p.6.

27) R. N. Anthony, V. Govindarajan, *Management Control System,* IRWIN, 1995, p.8.

経営管理の定義を「組織の戦略を実行するために、管理者が他の組織構成員を動かす過程である」としている。

第2章　活動基準原価計算論

ターニー(Peter B. B. Turney)は、自著は活動基準原価計算(activity-based costing: ABC)の二次的発展であると言っている。本書はこの二次的発展した活動基準原価計算論を基礎として論じる。そして、原価の本質に根ざしたより精緻な活動基準原価計算論を再考する。価値創造と価値消費は活動単位を措定することで、慣行的な製造間接費の領域は活動プール・コストドライバーとプロセスとの概念でもって、原価管理に有用な、そして信頼性のある原価情報を提供できるようになる。活動基準は間接費の直接費化を可能にするので、ほぼ間接費で業務をするサービス業にも適用できる。さらに、利益分析をも可能にしている。

価値を生み出し、給付して価値消費をする価値測定は配賦計算を断念して、価値移転の跡づけ(trace)により原価形成がなされる。また、価値を生まない価値消費は非付加価値である無駄として扱われる。この精緻な活動基準原価計算は三次的発展と称しても良いかもしれない。そして、原価管理に有用な原価情報を提供する。

第1節　価値増加と価値消費

1)　組織内外の価値連鎖

20世紀の直接原価計算は原価管理に有効な用具として、もてはやされてきた。この基礎となる接近は数学の微分で、現状の操業度で、さらに追加1製品を作る時、限界原価は変動原価の1単位の増分原価である。この原理を基礎にすると、直接原価計算は売上に対する製造原価を変動原価のみとする。直接原価計算書の構造は微分の視点にあって、固定費と変動費とからなる混合費そのものを分析していないことになる。固定費は1単位原価の視点での生産量の増加は、激変している。これまでの原価計算の発展をひとまず括弧に入れて、組織の価値増加に視点をおいてみることにする。価値増加は給付であり、価値消費は原価であり、給付に対応して原価がある。社会学の時代の変化は、20世紀の物理学的科学的管理から、21世紀は生物学的ネットワーク管理へと変遷している[1)]。

前章の**図表1-3 組織の価値連鎖**は価値増加の機能連携を示している。製品自体も様々な価値増加の活動を結合して付加価値を高めた製品となっている。営利組織の価値増加を**図表2-1 ある飲料業のサプライチェーン**で示す。供給を受ける側には納入業者(supplier)が、組織が製品を供給する側には顧客(customer)いる。材料や商品を仕入るに際して、その納入業者以前のプロセスに多くの組織が関わっている。このプロセスは価値増加に対する原価の観点がサプライチェーンであり、その原価形成要因は製造と物流であり、それらのネットワーク活動である。

ホーングレン(C. H. Horngren)は「サプライチェーンは、これらの活動が1つの組織または複数の組織で発生しているかどうかに関係なく、品目およびサービスの最初のソースから消費者への製品の配送までの商品、サービス、および情報のフローを記述する。」[2]と

図表 2-1 ある飲料業のサプライチェーン

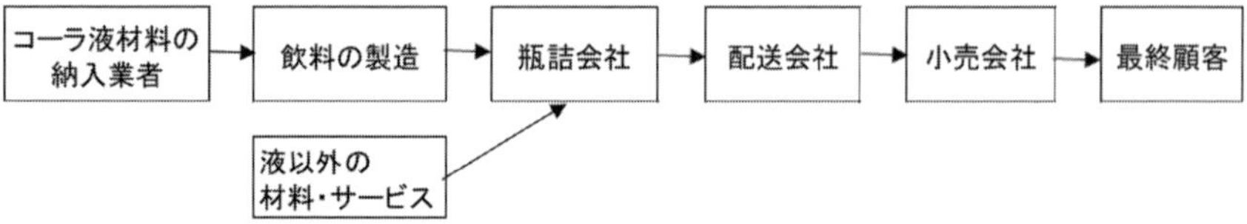

コーラ液材料の納入業者 → 飲料の製造 → 瓶詰会社 → 配送会社 → 小売会社 → 最終顧客

液以外の材料・サービス → 瓶詰会社

出所) C. T. Horngren, S. M. Datar, M. V. Rajan, *Cost Accounting*, PEARSON, 2015, p.29.

している。サプライチェーンは自社の外部の価値連鎖であるが、このネットワークの形成の仕方が、自社の価値増加に多大な影響を及ぼす。納入業者から材・サービスを受け取るには、財務情報の仕入単価や買掛金の管理費だけの情報では誤った意思決定を導くのである。新たに納入業者から材料を仕入れるとなると、ターニー(Peter B. B. Turny)は次の活動原価が必要になったとしている[3]。

・二重のプロセス仕様を設定して維持すること
・二重安全在庫を管理すること
・2つの部品番号で入庫して保管すること
・納品材料をしばしば2回検査すること
・各プロセスステップで、品質問題の二度の対処(修理)をすること
・プロセスの変更とプロセスの追加を2度分析すること

図表 2-1 では外部から主要な液材料を、また、他の業者から容器や箱などを仕入れている。仕入れには上記のような作業を必要とし、調達活動を原価として識別することが必要である。また、複数のサプライ品を維持するための活動原価の事例を次に示している[4]。

1. もし、エンジニアリング、製造テスト、または認定が必要ない場合、新しい納入業者を追加する平均コストは $800 以上です。
2. 納入業者の維持管理コストは、1 年あたり$37000 を平均とする。このコストには、重要な製造プロセスへの追加のテストと検査は含まれません。
3. 品不足の「その場合」、または主な納入業者が無くなった場合の、バックアップの納入業者を維持するための総コストは年間 $180,000 以上です。

調達活動には新規の納入業者を追加したり、維持したり、また、予備の納入業者の確保する項目も加わる。製造業では出荷する前には、検査活動がある。

従来の伝統的原価計算では、サプライに関係するこれらの管理費は製品に対する間接費(overhead cost)である。よって、他の部署で発生した間接費に合算されて製品に配賦されてしまっていた。しかし、活動基準原価計算の視点は価値減少がどの活動に価値増加したかを測定する跡づけ(trace)である。調達活動のコストは仕入財の移動先へ移動量の比率で割当てて、移動先へ付加される。活動基準原価計算の特質は、内部価値移転どおりに扱い、そして、直接費化を意図し、活動の給付数が価値移転の割当に重要な役割をする。

2) 研究開発

図表 1-3 はある組織の価値連鎖を表しているが、これらの機能のそれぞれを独立した企業で演じる場合もある。例えば、研究開発(R&D)に秀でた企業は製造を他社に委託することも可能である。ある企画会社が製造設備を備えるには資金不足である。他方、ある製造企業は未稼働の設備を抱えている。この 2 社の連携は価値増加の効果が高い関係である。ホーングレンは研究開発を「新製品、新しいサービス、新しいプロセスを関係したアイデアで生成し試験してみること」[5)]としている。新製品の開発思考に原価企画(target costing)がある。ホーングレンは原価企画とは「与件の製品の市場価格を用いて、製品を製造するのに消費できる最大のコストを決定して、なお求める利益を達成して、コストと価格関係への企て」[6)]としている。どんなに製品の顧客価値があっても、製造原価が高ければ、販売が伸びず、持続的生産はできない。製品価値と高い製造原価はジレンマにある。原価企画の進め方には、**図表 2-2 原価企画の推進方法**がある。リレー方式は陸上競技のバトンタッチをして、次の走者に引き渡すように進める。このリレー方式は水時計で使用されていたウォーター・フォール方式とも呼ばれている。ラグビー方式はスクラムを組んで競技をするように進める。ラグビー方式(concurrent engineering)は星型ネットワークで、1 件 1 件の検討に時間はかかるが、企画完了の時間はリレー方式より短時間で終わる。製品開発の

評価には原価計算の知識が必要である。製造プロセスの設計案は製品原価の決定要因である。プロセス内の製造活動の原価を見積もる必要があり、この時点で従来品より如何に原価逓減するかが決定される。また、原価管理を進めての将来の原価低減を見込まなければならない。原価企画はターゲット・コストの意味のごとく、商品の顧客価値とその品質を保持して、顧客が購買してくれると見込まれる製造原価までコスト・ダウンする「良い品を最適価格で造る」ことが主題である。

研究開発は顧客価値の創造に貢献するが、研究開発費は活動基準原価計算へ割当てないものである。ホーングレンらも非割当コストとして「研究開発（R&D)、プロセス設計、法務費用、会計、情報サービス、役員給与などがある。」[7]としている。

図表 2-2　原価企画の推進方法

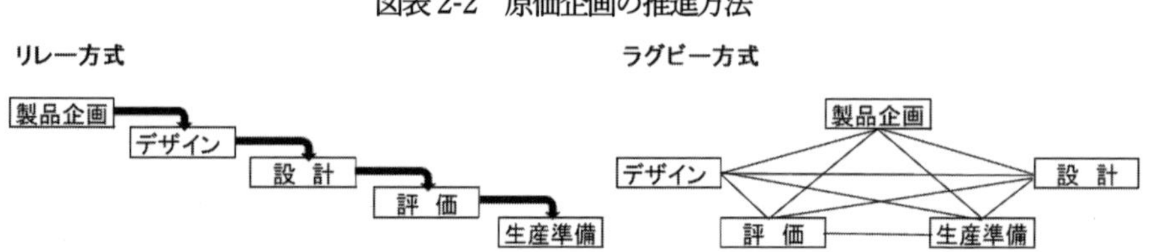

3)　製品設計とプロセス設計

研究開発に続くものは製品設計とプロセス設計である。いかに製品を設計するか、そしていかに製造工程を設計するかが製品原価を決定づける。フォーディズムと呼ばれた流れ作業は高額であった自動車の製造原価を引き下げ、自動車が大衆化させた。この流れ作業

図表 2-3　多品種化の型

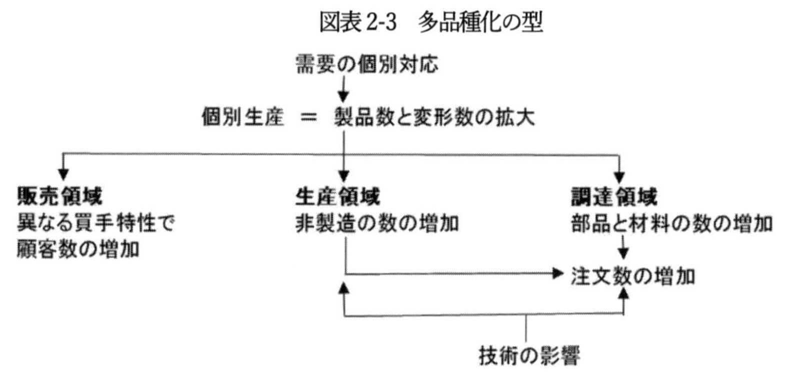

出所）Stephan Braun, *Die Prozesskostenrechnung*, Verlag Wissenschaft & Praxis,1996, S.18.

には製造設備を充実させる必要があり、設備投資資金を必要としていた。このライン生産に対して、セル生産がある。セル生産は1台の製品を1人で組み立てる。組立製品の周りには部品棚があり、組立工の動作にも無駄がない。このセル生産はライン生産の様な設備費さえ不要である。しかしながらライン生産のような大量生産には向かないのである。ライン生産で2種類の製品を組立てるには2つの製造ライン設備を設計することも考えられるが、混流生産を考えれば、設備費が削減される。混流生産の例は、小型車2台の次に中型車1台を組立ラインに流すことである。近年の顧客の要求は多様化し、生産企業は多品種化に対応する課題がある。画期的ベルトコンベアの流れ作業で生産された画一的T型フォードの車も、今日の多様な消費者の好みに合う物ではない。顧客の好みに、そして売れる製品は多様化している。

顧客に対応するためには多品種化への製品設計、製造設計を考察する必要がある。**図表2-3** は多品種の製造に適応する組織の要点である。今日の自動車生産は流れ作業もしているが、顧客対応のプル生産で、作業中のある1台は顧客の発注した個別対応している。ある車種の色、クラス、その他のオプションに対応していて、発注者への個別生産となっている。このために、製品数とある製品のバリエーションが多なるが、顧客が製品に満足し、需要が多くなり、結果として、工場全体の稼働率が向上するのである。

調達領域はサプライチェーンと結びつき、納入業者のネットが形成されている。企業の重要な成功要因は原価と効率、品質、時間、革新と持続可能性(sustainability)である[8)]。納入業者が効率を高めて部品を提供してくれるならば、自社の原価低減に貢献する。品質が良い部品を仕入れて製品に組み入れるならば、販売後も顧客満足が期待できる。タイムリーに納品できる納入業者ならば、無在庫で業務活動ができる。無在庫は経営効率を飛躍的に高める。それは、倉庫が不要で在庫管理の作業も不要となる、ただし在庫情報を管理する情報技術によるシステムが必要となる。持続可能性は地球環境保全に関する用語である。企業は環境破壊、環境汚染等に関する負荷物質を排出するべきでない。賢明な消費者は環境に害を及ぼす商品は購入しないし、法律でも使用禁止物質の規定がある。かくして、納入網をグローバルに広げて、製品を再設計し、その製造プロセスを再設計するのである。この製品再設計とプロセス再設計もイノベーションを引き起こすほどに価値増加に貢献するが、このコストが何年続くか予測ができない、よってこの設計コストは活動基準原価計算に割当てることはしない。

4) 生産活動の原価計算

価値連鎖のR&D機能と設計機能は価値増加に極めて重要で貢献しているが、活動原価計算基準には適用が難しい。多額の費用をかけて、ある研究開発をした品があったとしても、それが消費者に受けいれられ、製造に着手できるかも分からない点(市場価値・顧客価値がないか?)がある。しかし、これらの機能は企業の継続性には不可欠な費用である。生産活動には原価情報が不可欠で、原価情報に依拠して原価管理が推進される。

製造業の発展とともに、原価計算も生成された。原価計算の目的を2区分すれば、財務会計目的と経営管理目的である。システムの領域は「1つの目的には1つのシステム」で、棚卸資産を評価する製造原価報告書を作成システムと、原価管理のみを指向する1つのモジュールとして、原価管理を目的とするシステムがある。原価管理が扱う価値連鎖の領域は生産、マーケティング、発送、顧客サービスと外部給付としての顧客である。資源と活動、活動から原価対象、原価対象から顧客への給付と、原価計算には大量の内部取引と多段的集計がある。生産活動の原価を計算するには、コンピュータの瞬時に計算する機能を利用することが不可欠である。活動基準原価計算を行う、最初のステップは活動基準原価計算システムを開発して、実際の生産活動の現場に実装して、運用してみることである。まず、このシステム開発に先だってシステム要件を決定する。

会計情報システム(accounting information system: AIS)とは「経済的なデータを会計情報に変換するために物的資源と他の構造物を使用して、事業会社のような実体の中で、様々な利用者の情報要求を満足させる目的で統一された構造物である。」[9]と定義されている。こその主な構造物はハードとソフトで、そのソフトはOSとアプリケーション・ソフトである。アプリケーション・ソフトとして活動基準原価計算システムを開発する。このシステムはデータを保存するファイルを設計し、また、各種の処理をするプログラムを開発する。活動基準原価計算システムを開発する主要なアプローチは次のとおりである。

・ファイル設計に際して、資源、活動、原価対象で扱う、科目のコード化をする。このためには、活動基準原価計算の計算構造を明らかにする。
・情報とは目的適合性であり、このシステムをどんな目的に利用するかは、原価管理を明確にする。
・事務系ソフトは勘定系ソフトと言われているように、勘定組織を組み込む。

特定の目的を実現する処理をするためには、その目的に応じて何本もプログラミングをする。システム化には、開発から実装運用までを導くプロジェクト・マネジャーがいる。また、システムの構造を設計するシステムエンジニアがいる。システムエンジニアは仕様書を作成してプログラマーに指示をする。作成されたプログラムは入念にチェックをする。また、このプログラムは、後に保守と改良が加えられる。

第2節 活動基準原価計算の構造

1)活動基準原価計算の活動概念 —コストプールとコストドライバー

伝統的原価計算の製造間接費の配賦計算は不正確であった。活動基準原価計算はこの間接費の領域を活動原価概念とその活動目標としての製造原価を原価対象として、再構築するものである。ターニー(Peter B. B. Turney)は活動(activity)とは「組織の中でなされる作業単位である。組織と顧客の資源へ続く作業を表現すること。」[10)]されている。物作りには材料を加工したり、部品を組立てたりする作業があるが、そのいくつかの作業単位を加工等にひとまとめにしたのが活動である。伝統的原価計算では製造原価としていたが、活動原価計算ではこれを原価対象(cost object)と呼んでいる。さらに、製造原価計算後も顧客へ給付するまでに付加価値があるので、原価対象を顧客単位とすることもできる。原価対象は外部給付の売上高に対応させることにより粗利益を求めることが可能であり、利益分析に用いることができる。

伝統的原価計算の製造間接費はある配賦基準により製品原価に配賦していたが、活動基準原価計算では活動ドライバー(activity driver)と活動コストプール(activity cost pool)概念を用いる。ターニーは「活動ドライバーは原価対象への活動原価を割当てるための方式である」[11)]としている。活動ドライバーの例は、加工ではA部品を何個、B部品を何個加工したかの個数がドライバー数である。加工原価が測定されて、その原価をドライバー数で跡づけると、加工から原価対象への価値増加の正確性が高いのである。

活動基準原価計算の活動コストプールについて、ターニーは「ある活動についての全ての原価要素の総額がそのコストプールである。コストプールの総体としての合計は資源利用する活動の重要性を導いている。」[12)]としている。

伝統的原価計算は製品の製造原価を計算することが目的であったが、活動基準原価計算では原価対象(cost object)を目的として計算をする。この原価対象は製品のみでなく、顧客を措定することもできる。

活動基準原価計算では、活動から原価対象への価値振替は正確性がある。組立活動と原価対象との関係を例にとる。組立活動のコストプールではライン設備、工具、組立工、動力等の原価の総体の金額である。これらの原価要素のどれが欠けても組立はできない。活動ドライバーとして、作業時間1時間当たりを単位原価(¥100,000)とする。一日の活動ドライバーは8時間とする。A製品の組立を3時間、B製品を5時間組み立てたとすれば、A原価対象へは¥300,000が跡づけられ、B原価対象へは¥500,000が跡づけられる。コストドライバーは給付単位であり、時間、個数、物の長さ等様々なものがある。しかしながら、1時間の作業¥100,000と言うような、コストドライバー・レートを設定しておく必要がある。活動コストドライバー・レートの情報は生産性の評価に極めて有益である。このレートが下がれば活動の能率が向上したと分かる。

ターニーは活動コストプールと活動ドライバーの要素を有しての活動計算単位は活動センター(activity center)と名付けている。彼は活動センターについて、「会社が自社の構成を示すために組織図を有しているように、またABC は諸活動を有意義な方法で組織化しなければならない。データーベースの中には文字通り数百の活動があるかもしれない。そして、構成のある方法なしで、容易に見失われます。最も一般的な接近は諸活動を活動センターにグループ化することです。活動センターとは関係する活動の集合体です。あたかも特定部門の活動の様に。」[13]と、ここでは活動センターは諸活動の集合体と定義している。

組立部門にて、ある製品の基盤に、部品1つをビス4本で取り付ける場合、ビス1本を1人の工員が何秒で取り付けるかも活動計算単位になり得る。また、数ある部品の1個を取り付けることも活動計算単位とすることができる。この作業レベルでも、作業の賃金と取り付け個数がわかり、コストプールとコストドライバーが把握できるので、マイクロ活動(micro activity)と呼ばれている。マイクロ活動は活動センターに設定された活動のさらに下位にある活動で、マイクロ活動は数が計り知れないほどある。この問題の解消は第4章に譲ることにする。

活動基準原価計算のもう一つの課題は経済資源の原価を活動コストプールへ、そして、原価対象に如何に割当(assignment)てるかである。活動基準原価計算は間接原価を活動センターの領域で処理して、原価対象に割当てる。**図表 2-4** に示しているように、原価対象には活動センターより割当てられるものと、経済資源の原価から跡づけされるものとがある。資源の原価からは素材の消費額、直接工の賃率、特許権使用件数等がある。資源と活動センターの活動への割当は資源ドライバーとされて、何らかの数値を利用して活動へ跡づけされる。

図表2-4 原価割当(cost assignment)の方法

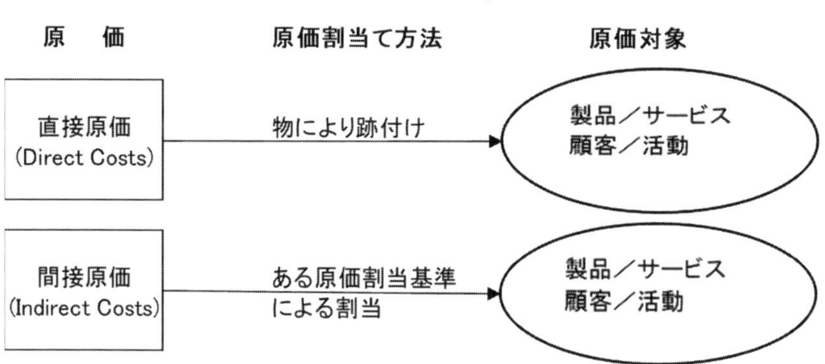

出所) C.T. Horngren, G.L. Sundem, W.O. Stratton, D. Burgstahler, J. Schatzberg, *Introduvtion to Management Accounting,* Peason, 2011,p.146.

間接原価の原価対象への割当は活動基準原価計算の構造で扱われる。しかしながら、経済資源の間接原価と活動間の内部取引をどのように扱っているかは良く分からない。初期の活動基準原価計算では関係者へのアンケートとして活動コストプールを導いていた。この間接原価の手続きも活動基準原価計算の課題である。**図表2-4**の原価対象に製品の他に、顧客を原価対象として示している。マイヤー(Marschall W. Mayer)は『活動基準利益分析(Activity-based profitability Analysis)』を著わし、顧客への外部給付はその対価としての売上高と、顧客原価対象を収益ドライバーで評価し、利益分析できるとした[14)]。製品原価対象に加えて、**図表 1-3 組織の価値連鎖**のマーケティング、発送、顧客サービスを活動センターとして、顧客原価対象からの利益分析が活動基準原価計算の課題である。

原価対象もまた価値連鎖で形成される。この価値連鎖は活動基準原価計算ではプロセスと表現されている。原価管理で、原価形成の問題点の原因箇所は活動そのものと、諸活動の一連のプロセスである。活動センター内では、主要プロセスと支援活動がある。主要プロセスは原価対象を形成する製造プロセスで、加工活動、組立活動、検査活動が典型である。主要プロセスの活動を支援する活動には、例えば保守活動があり、加工機械を保守したり、組立装置を保守したり、検査機を保守したりする。支援活動の活動から、主プロセスの活動の跡づけにもコストドライバーにより、原価を跡づける。この価値振替をコストドライバーで行うことで、信頼性のある原価情報が生成できるようになる。

活動基準原価計算が活動センターを措定し、その中に活動計算単位を措定する意義は、これにより価値移転を、配賦方法から脱却して、直接費化することにある。直接費化には内部給付にともなうコストドライバーの数値が不可欠である。コストドライバーには資源ドライバー、活動ドライバー、顧客ドライバーがある。ドライバーと活動単位のネットワークは複雑であるので、製造業の活動基準原価計算は領域を、次のように 2 領域とすると良いであろう。

[製品]　製造原価報告書　{資源ドライバー}　諸活動単位　{活動ドライバー}　原価対象

[顧客]　販売費(損益計算書) {資源ドライバー} 諸活動単位　{顧客ドライバー}　原価対象

2) 活動基準原価計算の ABC クロス・モデル

活動基準原価計算は生成以来、活動原価と原価対象との関係は認知されてきた。しかし、最大の問題は資源と活動間の内部取引が膨大であることである。また、階層性があり、主活動に潜むマイクロ活動の識別とその情報表示などの課題がある。

これまで、活動基準原価計算は簡便な便宜的計算方法が試みられてきた。活動原価計算の構造への接近として、まずは、ターニーが自らの活動基準原価計算は二次的発展であるとした活動基準原価計算の理論を明らかにしよう。

図表 2-5 の ABC クロスに見られるように、活動基準原価計算には原価割当視点とプロセス視点の 2 つの視点がある。原価割当視点は、まず経済資源と製造の活動間の価値移転を扱う。資産の本質には用益理論(service theory)があるように、諸資産は製品・サービスに結合して、さらに外部へ提供されるのである。製造業においては、資産の資源消費は「製造原価報告書」に示されるのである。この製造原価報告書の当月製造費用が ABC センターの中の諸活動へ給付される。ある製造勘定の減少は必ず何らかの活動勘定を等価で増加する。この手続きは資源ドライバー数で活動へ割り当てられる。例えば、建物の月割減価償却費は活動場所を活動単位として利用する面積で割当てられる。この面積に応じて割当てられ、この面積の平方メートルが資源ドライバーである。活動センターの構成はコストプール(cost pool)とコストドライバー(cost driver)の属性を持っている。活動センターの例として、NC 機械により部品を加工する場所の活動センター名は加工活動である。加工活動のコストプールは、場所の費用と、機械のハードとソフトの減価償却費と、動力費と消耗工具費

図表2-5　ABCクロス・モデル

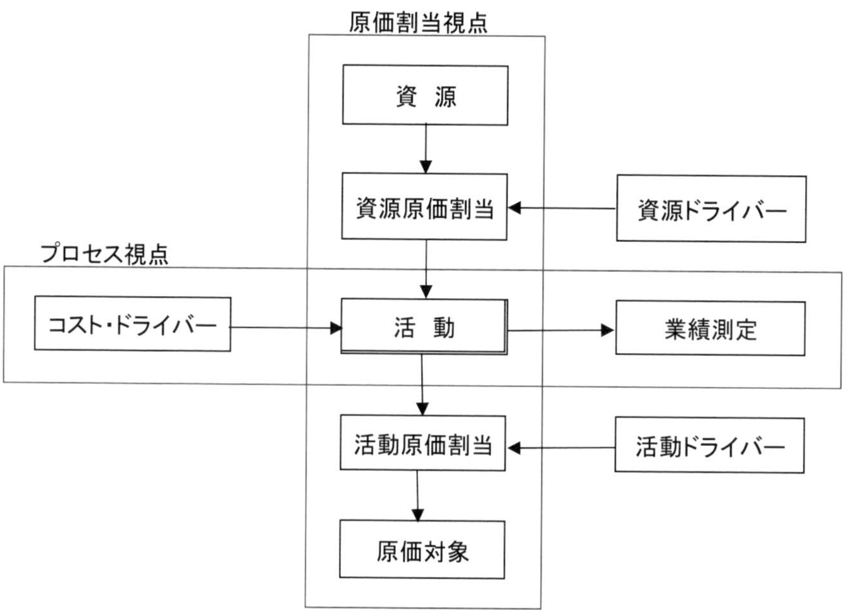

出所) Peter B. B. Turny, *Common Cents*, McGraw-Hill, 2005, p.94

の合計金額である。そのうちどれが欠けても加工できないのである。そして、部品を何個加工したかがコストドライバーとしての数値である。慣行としての原価計算でも製造した製品原価と完成品数量を求めていたが、活動基準原価計算では様々な活動センターの価値消費の金額と、出力として製造活動をしたドライバーの数値がわかる。そして、活動の業績測定の評価数値として、コストドライバー・レートが明示されるのである。

ABCクロスの横軸はプロセス視点と呼ばれ、原価対象の原価形成は幾多の活動センターを積み重ねて形成される。このプロセスには階層があることが知られている。この原価対象は外部給付としての売上高から利益分析にまで発展している。ターニーのABCクロスを基礎に、彼の活動基準原価計算論と、ここに内在している問題を検討して次に展開する。

a.資源原価割当の視点

経済資源は資源ドライバーによって、その経済価値である金額を活動コストプールへ跡づけられる。製造業においては、経済資源の消費額は製造原価報告書により計算されている。サービス業においては、経済資源の消費は損益計算書に含まれている。ターニーは資源ドライバーについて「資源ドライバーは資源と活動の間を連結している。資源ドライバーは総勘定元帳からのコストを利用して、諸活動へコストを割当てる。検査部門に割当てられた2つの重要な資源($100,000 給与福利厚生費、$20,000 消耗品費)があるとしよう。給与福利厚生費は、各活動に向けられた労力を実際に測定するか見積もることに基づいて割当てられる。この労力の測定は給与福利厚生費の資源ドライバーです。」[15]としている。さらに、具体例で示す。もし、A氏の給与福利厚生費が月に200,000円として、a活動に8時間×20日、b活動に8時間×5日働いたとすれば、a活動に160,000円、b活動に40,000円の価値増加をする。このように工員ごとの作業時間が資源ドライバーである。

活動基準原価計算の領域で経済資源のコストプールへの研究は未成熟である。**図表 2-6**では経済資源とは財務報告で必要な製造原価報告書であることをしめしている。製造原価計算書の資源全てが原価対象の資源ではない。**図表1-3**価値連鎖の図の設計、R&Dと上部階層の戦略と管理は活動基準原価計算の対象ではない。よって、**図表 2-6**の「上位の間接費」として扱い、製造原価報告書にそれらの価値消費(費用)があれば、この上位の間接費であり、活動センターでは非割当(non-assignment)である。よって原価対象に付加されない。製造原価報告書から原価対象に関係する資源は、直接原価は原価対象へ跡づけされ、間接原価は活動センターの諸活動単位へ割当てられる。直接原価は伝統的原価計算でも正確性を確保していた。活動基準原価計算では間接原価を活動センターとして、その活動はコストプールとコストドライバーを構成し、活動の価値消費を原価対象へと跡づける。ターニーは活動センターを狭義として活動単位にも用いている。広義の活動センターは全ての活動単位を含んだ領域である。広義の活動センターが管理会計で用いている利益センター、原価センターと符号するものである。活動基準原価計算で扱う資源は、原価対象を構成する、直接原価と広義の活動センターである。活動センター内にはネット関係の複雑な内部取引がある。

b.活動原価の跡づけ

活動基準原価計算は伝統的原価計算の製造間接費を活動基準に還元して、その配賦問題を解消するものである。**図表 2-4**は経済資源の価値消費を、活動基準原価計算の目的である原価対象へ向かっての直接原価と間接原価の割当の図示である。**図表 2-6** 経済資源と原価対象間にある価値消費を示したものである。

資源の直接費には、活動センターで産出した原価対象の製品を、色ムラ、ゆがみ等を補正するマイクロ活動がある場合がある。また、金属製品には、産出された原価対象の同等物に、金属磨きを加えて、鏡のような表面加工をし、付加価値を高めたて原価対象にする、高度な職人加工費がある。資源消費が直接原価として原価対象に跡づけされる。

図表2-6　経済資源の価値消費

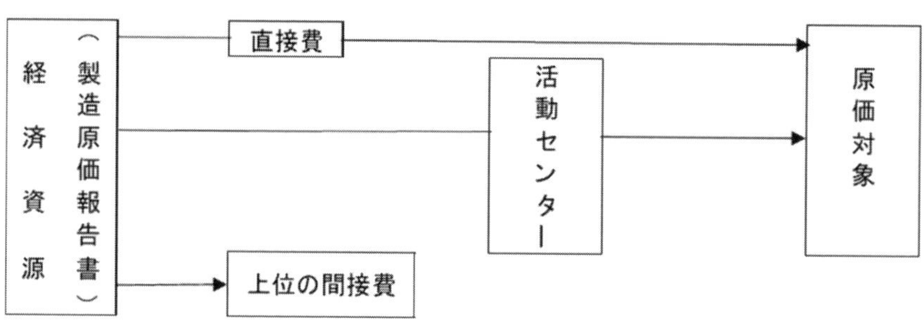

経済資源の多くは間接費として活動センター内の諸活動に割当られる。活動基準原価計算は、費目別の財務報告から決別している。資源を表示している製造原価報告書は費目別の金額表示である。ある活動単位は諸資源である諸費用科目の統合体である。機械による加工活動では、機械の原価償却費、これを動かす電気料、時折油をさす消耗品、高額な刃先の消耗品、保守したり作業をしたりする人件費で加工活動をする。これらの加工の構成要素の内、どれか 1 点でも欠けたならば、加工活動はできなくなる。同時に活動はドライバーという給付単位を伴っている。何個加工したかの数がコストドライバーである。実際には加工した部品は組立に移るのであるが、加工活動と組立活動は原価対象のプロセスであるので、加工活動の価値消費は原価対象へ移転される。加工活動に要した油と替刃とその作業は保守活動による支援である。

活動センター内の構造にプロセス活動、支援活動がある。活動のコストプールとコストドライバーとにより価値消費して、ある活動は他の活動または原価対象への増加をする。コストプールとコストドライバーとによる跡づけが、間接費の直接費化の機能である。しかしながら、もし、稼働していない加工機があったならばいかに会計処理するかという問題がある。加工機の価値消費はあったが、使用されないであるものは非付加価値と認識されている。活動基準原価計算はドライバー数の測定で、1日8時間の稼働で400個部品製造、5時間の稼働で250個ならば、未稼働の4時間200個分の価値消費が非付加価値とわかる。慣行的原価計算では未稼働の非付加価値も製造原価に算入されていたので、工員の能率的生産活動も正確な製造原価には反映されないで、「どうして原価が逓減しないのか」との疑問が生じていた。価値を生み出さない価値消費は無駄とも呼ばれている。

c.非付加価値

経済資源は価値増加への原価が本来的であるが、実際には価値を生み出さない経済資源の消費がある。価値を生み出さない価値消費は非付加価値活動(non-value-added activity)である。ターニーは「'製品品質監査'活動は非付加価値活動(non-value-added activity)である。非付加価値活動というものは顧客により受け取られる価値に寄与しないものである。」[16]と述べている。特に、品質管理で明らかになった、食料品への不純物の混入による製品回収、製造物の欠陥による人身事故などへの費用は顧客が補填するものではない。こうした、会社の不祥事にたいして、今日、内部統制を行っているが、業務を監視する内部統制の費用は上位の間接費(overhead cost)で、原価対象に含めない。また、ホーングレンらは管理者の費用をコストプールに割当てていない事例を次のようにあげている[17]。

> Li 社は管理者の給料と管理者の経費を割当てる合理的手段を見いだすことができないと思っている。それ故、これらの会社の地位の費用は割当てないままでいる。「生成された総収益の割合」や「販売台数」などの簡単な尺度を使用して、管理給与やその他の管理費を製品に割当てないのはなぜですか? 管理者は一般に、配賦が自分の代わりに発生した原価の公正な尺度であることを望んでいるからです。

製造部門においても、管理者の給与は間接費のままで、原価対象に割当てない。しかしながら、ある管理者が製造活動に従事すれば、その従事した時間を賃率により活動コストプールへ割当てる。シュマーレンバッハによれば、管理者であれ無給の人手であれ、作業に従事すれば原価への付加原価としている。

活動センターのコストプールにも非付加価値活動が含まれている場合がある。ブリムソン(James A. Brinson)は、活動原価のなかに未利用能力原価が潜んでいることを認識した。未利用能力原価は非付加価値活動と同義である。本来的には、原価活動は給付を生み出すものであるが、機械があっても作業に利用されない、または、稼働率が低いといったことを考慮するところに未利用能力原価が認識される。ブリムソンの示す計算例は次の通りである[18]。

機械の原価	100,000 ドル
実際機械運転時間	6,250 時間
実際機械運転能力時間	10,000 時間

[方法 1]　実際利用に基づく原価

$$\frac{原価}{実際利用時間}=\frac{100{,}000}{6{,}250}=16\ ドル/運転時間$$

[方法 2]　実際利用に基づく原価

$$\frac{原価}{実際能力時間}=\frac{100{,}000}{10{,}250}=10\ ドル/運転時間$$

$$未使用能力原価=\frac{\left(実際能力時間-実際利用時間\right)\times 原価\div 実際利用時間}{実際能力時間}$$

$$=\frac{(10{,}000-6{,}250)\times 100{,}000\div 6{,}250}{10{,}000}=6\ ドル/運転時間$$

需要が増え、設備を拡大して、生産量を増やせば、規模の経済で、単位製造原価は低下するが、しばしば、稼働率が下がり単位原価が高くなるのも規模の縮小であると言われる。だがこの事は、未稼働設備の固定原価が主要な製造原価で導かれる製品単価高騰の要因である。需要の減少により生産量が少なくなり、以前にまして生産効率を上げても、未稼働の機械が増えれば、その減価償却費が製造原価に重く加えられるのである。生産量の減少に対処するには、固定費の変動費化が課題となる。変動費化の技法はアウトソーシングである。さらに、設備が全く生産に利用されないものは売却してしまうことである。

原価対象に直課される材料の非付加価値についてはマテリアルフロー原価(material flow cost)にて、製品に結合しなかった材料をマテリアルロスとして考察されている。そして、このロスは廃棄物処理費を伴い、さらなるコスト増加の原因となっている。非付加価値とは一般用語の無駄と同義である。無駄の排除は単位当たりの製品原価を増加させない効果がある。無駄排除の生産活動にはトヨタ自動車の「7つのムダ」が知られている。

①作り過ぎのムダについて、製品を作くるために製造コストが増加する。経済史をみれば、過剰生産が不況の原因であった。過剰生産製品が売れ残れば損失に転化する。過剰な製品は廉価で販売される傾向があり、時には原価割れを引き起こす。こうした push 生産より、顧客からの、または需要からの pull 生産が望まれている。

②手待ちのムダについて、作業員の作業待ちは何も価値を生み出さないで労務費が増えるばかりである。従業員が作業をしていなくとも活動コストが増加する。よって、ドライバー・レートが高くなり、ムダ取り管理が必要である。原因として、物流の問題で部材が手元に届かない、保守不良で機械が動かないなどがある。この様な自体に手待ちしないためには、従業員に多能工の訓練をしておいて、管理者は他の作業に従事させることである。

③運搬のムダについて、運搬は製造工程に次ぐ原価低減の宝庫である。誤送してしまってはドライバー・レートが高くなり、配膳でお盆を使うように1セットとして運ぶとこのレートが下がり効率的となる。部材が所定の作業場所に届かないと、他の活動コストが高くなる。加工待ちや運搬待ちをなくし、製品リードタイムが短くなると原価対象の原価低減効果に及ぶ。

④加工のムダについて、手際の悪さで作業時間が長くなると、ドライバー・シートが高くなる。管理者は初心者には作業訓練をしてから仕事に就かせるものである。

⑤在庫のムダについて、無在庫の原価削減効果は絶大である。バックヤードを形成する倉庫が不要、在庫の管理者も不要としてしまう。無在庫化の技法はカンバン・システムの構築である。

⑥動作のムダについて、部材を取りに行く、工具を探す、次の手順を調べる等、製造活動のドライバー・レートを上げることになる。

⑦不良品を作るムダについて、不良品を作ると、材料費がかさんだり、再調整費、廃棄処分費などの費用がかさんだりすることとなる。

経済資源の価値消費の課題は如何に効果的に活動の価値増加をして、価値を産み出さない非付加価値の消費、すなわち無駄を排除することである。

活動センターのコストプールはある活動目的のための経済資源の結合体である。組立活動の単位では、場所、作業台、ベルトコンベア方式であればその設備、設備を制御するハードとそのソフト、動力と人手などで、どれ1つ欠けても組立作業はできなし、また、不足しても大いに作業に支障が生ずる。活動センターは原価対象の構成要素であり活動センターのコストプールの合計額を資源の利用度である活動ドライバー(activity driver)によって、原価対象に跡づけられる。

コストドライバーは活動と活動または原価対象とのネット間の価値移転で用いられる。ターニーは、コストドライバーとは「活動を行うのに要求されている仕事量と成果を決定する要因である。」[19]として、次の活動事例を示している[20]。

> コストドライバーは、なぜある活動(活動連鎖)が成し遂げられたかを語る。特に、活動は前の出来事に応じて実行される。例えば、部品のバッチ処理の予定は顧客の注文または在庫廃棄に応じている(これが理由)。別な表現は、部品の製造予定は設備の段取りを必要とする(これが取組み)。
>
> また、コストドライバーはどれだけ多くの努力がその作業をもたらすのに費やさなければならないかを語る。例えば、前の活動から受け取った部品またはデータにおける欠陥は要求されている仕事量を増加してしまう。間違った部品番号を含む指示書は発注を完了する前に訂正を必要とする。動いているプロセスに反映しない技術図面は機械の設定中に追加労力を発生する。
>
> コストドライバーは改善の機会を明らかにする故に、有用である。例えば、大手銀行が振出人の利用システムでは互換性のない様式で、小切手振出人の小切手に対する指示を送った。振出人はこの指示を電子的に処理できなかったという結果をもたらした。システムの変更は指示を再入力する必要を無くした、そして振出人は40項目データを入力事務員達に再入力することを任せた。

この活動事例の1番目は活動センター間には連携があり、順序をみだしては活動開始できない。バルブの加工には、鋳型のバルブ部品がなくてはならない。そして、顧客の注文があるか、在庫の積み増しかの生産指示があること。そして、加工機のねじ切りの規格に調整と削り刃の取り替えなどの段取りが必要である。

活動事例の2番目は誤った作業があると、1つのドライバー当たりの仕事量が増える、1ドライバー当たりのコストが増加する、非能率な事例である。

活動事例3番目は、顧客の要求に対して活動センターを設けていなかったものである。金融機関にはバンキングシステムがあり、送金サービスの標準化できる手続きはATMで顧客が操作をする。しかし、例えば、外国通貨の小切手を、他の外国通貨の国に送金することなどは、銀行員による相談窓口で扱えるようにする。このような、海外送金の活動センターのコストプールは銀行員がこの業務に携わった時間を基礎に、そしてコストドライバーは送金件数1件を単位としている。

非付加価値には全く価値を生み出さない無駄と、活動の中に無駄となる原因を内包するものと、企業は価値があると付加しているが、顧客がその価値を認めない非付加価値がある。特に、内包する非付加価値活動は、標準コストドライバー・レートとの比較で明らかとなる。

D.コストドライバー・レートによる評価

活動センターそのものも、その活動様式も、経営環境の変化で不断に改廃、改変するものである。ターニーは部品の加工を例に、共通部品化は本当に合理的かの質問に答えるのに、原価評価の必要性を説いている。その要点をまとめると、次の通りである[21)]。

図表2-7　3部品加工か共通部品加工か?

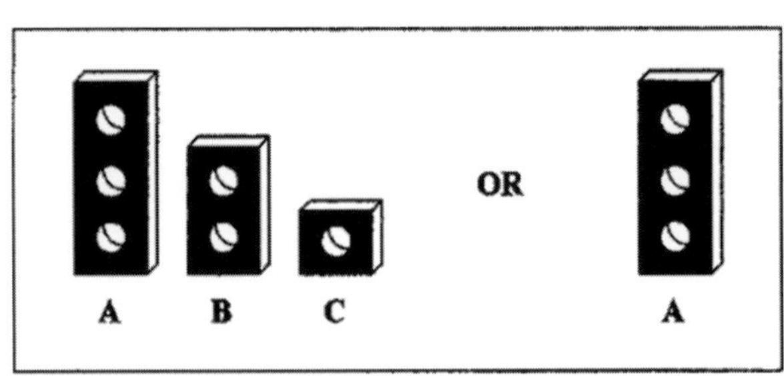

出所) Peter B. B. Turny, *Common Cents,* McGraw-Hill, 2005, p.10.

図表2-7の部品は、WCI社の製品のいくつかの接地回路にワイヤを接続するために使用される。製品によっては、ストリップが1つから3つの穴を必要とする可能性がある。技術者達は共通に使用できる3スリット型のみの製造を良とした。在庫管理が1種類ですみ、製造予測も、製造も、組立作業場の扱いも1部品を管理すれば良い。部品が3種類あれば、3種類の在庫管理が必要である。

しかし、3穴のストリップのみの生産は、1つと2つの穴のストリップよりも多くの材料と直接労働を必要とした。また、同社の原価計算は総ての間接費を材料と直接労務費、いわゆる素価法で配賦していたため、不必要に穴を開けていた、共通部品を作る方のコストが高かった。

3 部品加工か共通部品のみを加工した事例で、手作業による製造では 3 部品加工に優位性があったかもしれない。NC 製造機で加工する場合は、製造規格を換えれば、削るドリルを換え、材料の送り出しを調整する、段取りが必要で、その間製造が停止するので、共通部品製造に優位性があるかもしれない。製造活動の PDCA を推進するには、製造活動を管理の意思決定を正しくできるほどの正確な原価測定が必要である。

活動ドライバーとコストプールの 2 項目が業績測定されるとコストドライバー・レート(cost driver rate)で活動を評価できる。このレートを用いた事例に、次のものがある[22)]。

顧客の注文処理を行うための経済資源の予算費用は 280,000 ドルである。そして、特定期間での期待されている顧客注文数は 4,000 注文と仮定する。予算データを用いての ABC モデルは予算による費用と活動水準に基づいた、1 注文当たり 70 ドルのコストドライバー・レートと計算している。この金額(70 ドル)はこの期間に受け取った顧客注文に課せられます。

管理者はこの情報を、価格と受注の参照点数を認可するためと、最小注文寸法を決めるのに利用できる。

図表 2-8　コストドライバー・レートの分析事例

	費　　用	活 動 水 準	コストドライバー・レート
予　　算	$280,000	4,000注文	$70/注文
実　　際	$273,000	3800注文	n/a

出所) R. S. Kaplan, R. Cooper, *Cost & Effect,* HBS Press, 1998, p.115.

財務資料の予算 280,000 ドルに対して、実際は 273,000 ドルで、予算差異 7 ドルの有利差異と見てしまうかもしれない。しかし、実際のコストドライバー・レートは 71.84 ドルで、コスト増である。活動の評価にコストドライバー・レートは有効である。予算設定の問題について、標準値の考えには、理想的標準、正常標準原価、現実的標準原価があるが、この予算の運用は現実的標準原価の「次期に達成が期待される操業度のもとで、良好な能率と当座価格をもって計算された標準価格」[23)]と推測される。活動基準予算の発展は、このような固定予算(static budget)ではなく、変動予算(flexible budget)で、この場合には 3,800 件の注文を確認したのちに予算金額を計算して評価する。この事例ではコストドライバー・レートが高いのはこの業務に固定費がおおく占めていると指摘している。

コストプールは多くの経済資源の費用から、変動費と固定費の混合費として構成されている。変動原価の部分については、作り過ぎのムダ、手待ちのムダ等でこの原価が増加する。固定原価の部分については、設備と機械などのキャパシティの利用度が活動評価に影響する。S. プレーヤーと D.E. キーズ(Steve Player & David E. Keys)は無駄(waste)とは「存在意味がないか、または無益なものに消費された資源」[24]としている。全く使われなくなった機械、新規に購入した機械が利用できないのは所有している意義がない無駄である。未稼働の設備は多額の無駄である。瞬間的には無益の事項は多々ある。会議室の未利用時の照明の点灯による電力料金、保守の不備により操業不能になること、利用の可能性のない材料など、価値を産み出さないで、資源を浪費したものが無駄である。ターニーは価値を産み出している原価か産み出さない無駄のグレーゾーンを指摘している。付加価値には製造業にとっての価値と、顧客からの付加価値の視点があり、グレーは企業にとっては付加価値であるが、顧客からは価値を認めないのである。在庫の材料はグレーゾーンである。ターニーは「組立は付加価値に分類されます。ただし、材料を待つことは、顧客にとって明らかではないので、非付加価値です。」[25]としてグレーのカテゴリーに分類している、この例として「作業の割当」と「コミュニケーション」もこのカテゴリーに分類している。無駄のグレーゾーンは企業にとっては必要であるが、最小限の価値消費に努めるべきものである。

活動原価は変動費と固定費との混合費であるが、活動原価それ自体は一体となって作用する。活動原価の価値分析の視点に、付加価値活動と非付加価値活動の認識がある。S. プレイヤー(Steve Player)と D.E. キーズ (David E. Keys)は付加価値活動は「顧客価値または顧客満足に貢献することと、組織的必要性から判断される活動である。'付加価値'という属性はある確信を反映している。この確信とは活動が品質と感応性(良さ)、または、顧客や組織の要求に応じた産出の質を引き下げることをしないで、減産されることはないということ。」[26]、そして、非付加価値活動は「顧客価値または顧客満足に貢献しないと考慮される活動である。'非付加価値'という呼称はある確信を反映している。この確信とは活動が再設計され得ること、削減され得ること、または、になり得ること。」[27]としている。付加価値は組織が認めるものと、顧客が認めるものがある。通常は両者ともに認めるものが付加価値の活動である。付加価値活動は生産を進めても良いもので、非付加価値活動は減らしてゆくべきものである。また、組織が価値を認めても、顧客がその価値を求めなければ、非付加価値活動として減らすべきものである。生産ラインの停止による原価の上昇、工員の技能の低さで、不良品の発生による活動原価の上昇などは顧客がその価値を認めないものである。付加価値活動も非付加価値活動も原価を増やすものである。よって、活動原価の非付加価値活動を測定して、さらにこの活動原価を減ずる取組みが求められている。

誤謬と異常性により、価値の復元の取組み活動がある。製造業には類似品の製品番号違いが多くあり、管理者が製品番号を取り違えて、工員に指示を出し、製造に着手したが、途中で間違いに気づき、破棄すれば非付加価値であるが、復元も可能なので、復元の活動をした。ボヤが発生し、製造進行中のものがやり直しとなり、やり直し対象の活動原価などは確かに給付対応の原価であるが、正常な活動原価と区別するために、本書では活動センターの範疇で、非付加価値活動と呼称することとする。

ブリムソン(James A. Brimson)により、活動原価のなかに未利用能力原価(the cost of unused capacity)があると指摘されたが、こうした非付加価値を排除して活動原価を測定評価する必要がある。もし、非付加価値を排除したならば、活動ドライバー・レートの、先月と今月、繁忙期と閑散期の期間比較を可能とし、正確な原価率を管理者は知ることができる。閑散期には未利用の機械の減価償却費か製品単価を押し上げる結果となっていた。しばしば、規模の経済性がないとの説明がなされてきたが、非付加価値の増大が原因で、製品単価から非付加価値を除いてみれば、より正確な製造原価を知ることができたであろう。

図表 2-9 は原価対象としての製品 A と製品 B の原価に、工程計画の実施と機械設定との活動原価を割当てている。工程計画・設定の活動原価は資源より工程計画作業に$100,000、設定作業に$150,000 割当てられた。このセットの作業は 5000 回行われた。コストプールの$100,000 と$150,000 とがわかり、この作業のコストドライバー数 5000 回がわかると、コストドライバー・レートとして、工程計画実施に 1 回$20、設定実施に 1 回$30 と把握できる。また、1 セットでは$50 である。このレートに非付加価値が混入していなければ、先月との能率評価の比較が可能となる。

この活動から製品 A と製品 B との原価対象への跡づけは、**図表 2-9** の例は製品 1 単位を計算している。この 1 セットの活動は 1 回$50 で、製品 A には 4 回、製品 B には 20 回を実施した。よって、製品 A の 1 単位あたり$200 の、製品 B の 1 単位あたり$1,000 の付加価値を高めた。もし、この 1 セット 1 回$50 が予算であるとすれば、そして、製品 A を 950 個製造したとすれば、変動予算は予算は$47,500 となり、実際の原価との予算差異を求めることになる。この事例は 1 活動と原価対象間の内部取引による価値の転嫁を示すだけである。活動基準原価計算の原価対象は多くの活動からなる、プロセスを経て原価形成さ

図表2-9　取引ドライバーを用いた原価対象(製品原価)

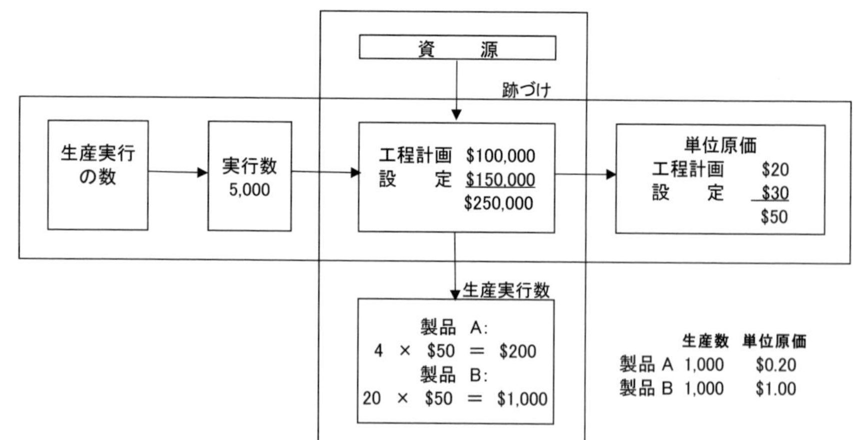

この例では、製品 B のバッチは製品 A のバッチの 5 倍の頻度で実行されるため、製品 B のバッチは工程計画と設定、5 倍です。設定時間はどの製品も同じです。このような状況で、活動ドライバーの「生産実行の数」は、製品 A よりも製品 B に 5 倍の工程計画と設定のコストを正しく割当てます。

出所) Peter B. B. Turny, *Common Cents*, McGraw-Hill, 2005, p.109.

れるものである。プロセスは次項で扱う。

ターニーは ABC クロスの資源消費から原価活動への転嫁の課題を次のように示している[28]。

・もし、活動への産出が増加したとき、資源の要件に関する影響は何であるだろうか。
・もし、活動の能率が上がるならば(例えば、非付加価値への取組み除去を通じて)、作業コストと資源利用に関する影響はどうであるか。
・活動への増加を認めて資源を加えるとき、純利益の影響はどうであるか。
・新たな計画の要求に合致する資源の効果的配置に適合させようとするとき、新しい財務予算はどうあるのか。

原価計算は損益計算に内在しているものであり、原価の増加は費用増加の原因であり、給付の増加は収益増加の原因である。資源から活動への物の増加については、受注に応じて所要量を算出するが、歩留まりも考慮して、資材を発注する。製造活動で廃棄資材があれば、その評価額は非付加価値とする。

原価逓減の取組みで、最も効果があるのが、非付加価値の排除である。操業度が低下すれば、非付加価値が製造原価報告書の費用の50%に至るとも言われている。製造原価の逓減は非付加価値を排除する取組みが効果的である。過剰な設備で、生産に稼働していない時間帯は非付加価値である。稼働率の悪い機械は売却し、もし、その作業が必要ならばアウトソーシングする。もし、稼働率が低ければ、その機械を動かす仕事を受注して、非付加価値を削減する。製造業にあっては最適規模の維持が大切である。

非付加価値の削減により資源の価値消費を排除することは費用が少なくなる事であり、費用が少なくなれば、利益が増えることを意味する。営利企業において、純利益が少ないときほど、原価管理が極めて重要になり、利益改善には能率の向上よりも「ムダ取り」と言われている非付加価値の排除が重要である。課題は非付加価値の評価とその情報表示である。

非付加価値の排除は純利益を改善して総合予算である損益計算書予算の利益を向上する。また、製造費予算を少なくする。さらに、余剰設備の削減から資本予算をスリムにする。非付加価値排除の取組みは小資本で最大の生産効率を高める視点である。

活動基準原価計算は生産効率への貢献は、資源割当の視点では非付加価値の排除と、コストドライバーにより活動を評価して原価逓減を進めることにある。また、次項のプロセス視点も生産効率を高めるのに貢献する。

2) 活動基準原価計算のプロセス

活動基準原価計算のプロセスは、ABC クロスの水平方向の視点である。伝統的原価計算の総合原価計算（process costing）にもプロセスという用語が使われてきた。そこでは、製造部門費(manufacture department)とか組立部門費(assembly department)とか、原価発生場所の価値消費を測定するのにとどまっていた。部門は原価発生場所であることは確かである。部門費はスーパーで買い物した、カゴの総額がわかるだけで、その総額を料理か人に配賦する必要があった。活動基準原価計算はその部門の中の生産活動を基礎とし、特にプロセスの視点は、**図表 2-10** のように活動と活動とを扱う。ターニーは「プロセスは特定目的を実施するために、共に働く活動の連鎖である。」[29]としている。製品はある一つのみの活動では生み出されない、複数の活動の連鎖で、価値創造を重ねている。

図 2-10　プロセス内の活動の相互依存

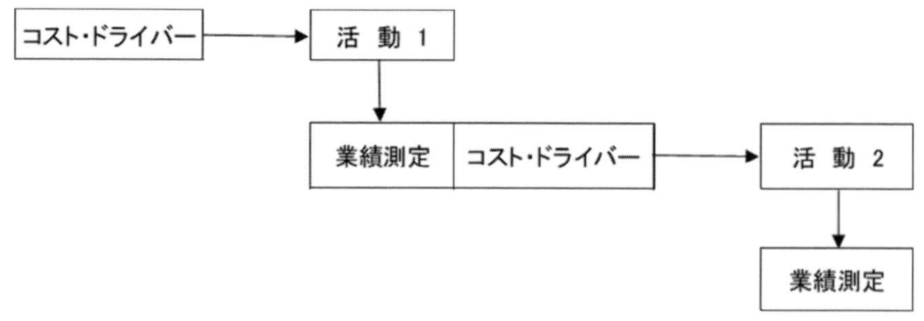

出所) P. B. B. Turney, *Common Cents*, McGraw-Hill, 2005, p87.

プロセス視点の課題はコストの高いプロセスの発見し改善すること、価値を産み出すプロセスを発見することである。そして、活動基準原価計算はこの管理のための原価情報を提提供することである。

比較的簡単なプロセスを要するある製造業の原価対象のプロセス事例を**図表 2-11** に示す。活動基準原価計算では、製品原価は原価対象として計算する。伝統的原価計算でも素材、買入部品と商標権使用料は製品に直課されていたが、この点は活動基準原価計算でも、同様に原価対象へ賦課される。よって、原価対象はこれらの直接原価とプロセス原価の機械加工活動原価と組立活動原価と品質検査活動原価から構成される。特にここに示された3つの活動は主要プロセス(main process) として扱われている。

プロセスは完成品を作ることを目的に、素材を加工し、自社の加工品と買入部品とを組立てて、検査を経て完成品とする。プロセス内の活動は相互に影響し合っている。規格外れの加工をすれば、組立に支障をきたす。組立の部品を取り違えては、製品の性能検査にパスしない。プロセス視点は製品・サービスのコスト構造を明らかにする。従来の製造間接費では製造プロセスが隠れてしまっている。活動基準原価計算では、プロセス内の活動を原価割当の視点から業績測定ができる。製造プロセスの変革は原価対象の原価を決定づけている。

主な変革には、元請けとサプライヤーとの連携によるもの、顧客層の変化に対応するもの、技術の進歩に対応するもの、機械設備に投資して合理化をすすめるもの、環境負荷物質を削減して地球環境を保全するものなど、多義に渡っている。

近年の器械製品は便利な機能を搭載している。その便利さは組込の見えざるプログラム制御に依存している。こうした日々進化している器械を利用者が使いこなすには、器械売却後の取扱指導、保守のメンテナンス作業、故障時の修理等のサービスがあると、顧客の利便性を高める。それと同時に、製造業者も保守契約により、製品の販売に加えて、売上が増加する。こうした製品販売の付加サービスやアフターサービスのプロセスの追加は、販売自体を増加する作用がある。

図表2-11　製造業の主要プロセス

直接原価	素材　買入部品　商標権使用料
プロセス原価	機械加工活動 ― 組立活動 ― 品質検査活動

ドイツ語圏では活動基準原価計算はプロセス原価計算(Prozesskostenrechnung: PKR)と称されている。河野二男著『プロセス原価計算論序説』には「プロセス原価計算は、資源、プロセス、製品の間の給付経済的関係を明確にするために、消費される経営資源をプロセス別に把握し、原価発生原因(コスト・ドライバー)である活動(tätigkeiten)いわゆるアクティビティに対して間接費を配賦または直課して原価を管理しようとする手法である」[30]との記載がある。活動基準原価計算とプロセス原価計算は異名同意である。製品・サービスの原価給付計算において、活動とプロセスとは共に重要な原価決定要因である。プロセスにおいて、活動が不良品を多く出しては費用が膨らむばかりである。他方、活動が効率的であっても次のプロセスへの移行がなされないで、プロセス停止状態になっても費用がかさむばかりとなる。活動基準原価計算(ドイツのプロセス原価計算)は経済資源の価値の移転と、生産プロセスとの二元(資源、プロセス)があるので、この二元の情報を作成する構造が必要である。

3)活動基準原価計算の導入

活動基準計算の ABC クロスは多くの研究者により承認されている。主要プロセスの活動と原価対象間の跡づけは、伝統的原価計算の間接費配賦の不正確さの課題を解消している。しかしながら、活動基準原価計算の資源と活動との価値の振替え、換言すれば、資源と活動間の内部取引にはいくつかの課題が、未だ存続している。現状では、簡便な方法を用いて、活動基準原価計算を実装している。

活動基準原価計算を企業の業務に適用するには、ホーングレンらは、次のステップを示している[31)]。

ステップ 1 活動基準原価会計システムの主要構成要素を決定する

ステップ 2 資源、活動、原価対象間の関係を決定する

ステップ 3 資源と活動間で、原価とコストドライバー単位の物量に関係している適切なデータを収集する

ステップ 4 新しい活動基準情報を計算して解釈する

ステップ 1 の主要な構成要素は活動単位である。この諸活動は水平連携とともに垂直の階層構造をしている。ホーングレンらはコスト階層について、「コスト階層は異なった型のコストドライバーとコスト割当基準と原因結果関係を決定するときに困難さの差異の程度とを基準として種々の活動プールに分類する。ABC システムは、活動コストプールのコストドライバーである原価割当基準を識別するために、4 階層のコスト階層を通常利用する。(1)産出装置-水準コスト、(2)バッチ-水準コスト、(3) 製品-持続コスト、(4)施設-持続コスト」[32)]としている。

活動基準原価計算の構成要素を決定するのに際して、基本的には**図表 2-11** の製造業の主要プロセスが規定されている。この主プロセス上の従来の間接費を割当てる視点から、ホーングレンらは 4 種類を特に分類している。第 1 の産出装置-水準コストは機械の運転に費やす動力費、減価償却費、修繕費で、製造活動をするためにランニングコストが生じる。この割当には機械利用時間または機械利用数がコストドライバーとして、通常用いられる。この水準は主プロセスの機械加工活動、組立活動、検査活動を直接支援する水準にある。

第 2 のバッチ-水準コストは、製品 1 個またはサービス 1 件に対してのものではなく、段取費のように製品グループを測定単位とするもので、作業員の延べ人数時間(作業時間×人数)をコストドライバーとして、段取活動を必要とした活動に付加する。この段取活動は固定費の特徴があり、段取の設定後に多量の生産をすればするほど、段取活動の 1 単位当たりの原価が減少する。

第 3 の製品-持続コストについて、これは個々の製品またはサービスをサポートするため

に実施される活動原価である。製品の品質維持には品質管理費を必要とする。近年、製造物責任法、内部統制制度に即して製造する必要があり、法令違反となると企業に重大な損失が生じる。さらに、ホーングレンらは技術革新に即して、装置の再設計、プロセスの見直しなどの改善を加えて、環境変化に応じて製造活動を変革し、事業の持続を考察している。このコストは製造活動の全般に及び、コストの測定は極めて重要であるが、コストドライバーが明確なものは割当てるが、それ以外のものは非割当として、共通コストのままとする。共通コストに配賦技法を用いると、直接費化による比較可能性を損ねる要因となる。

第4の施設-持続コストについて、従来の原価計算でも一般管理費は原価計算から除外されていた。製造原価報告書のなかの管理者の俸給も活動基準原価計算の対象外である。また、工場の建物に関する費用としての減価償却費と、建物維持の界壁の塗装費用、配管の取替費用も活動基準原価計算では扱わないのである。この施設の持続コストについて、ホーングレンらは「通常、これらのコストと原価配賦基準との間に適切な因果関係を見つけることは困難であるため、一部の企業では、製品に配分するのではなく、営業利益から独立した一括払いとして設備コストを控除します。このアプローチに従うマネージャは、コスト（価格設定など）に基づいて意思決定を行う際に、一部の一括払いのコストが割当てられていないことを念頭に置いておく必要である。」[33]としている。活動基準原価計算の目的は短期的な原価管理に必要な原価情報であり、価値増加に対する価値消費を金額の数値で測定する事を要件としている。多額の共通費、多額の共通原価を割当てると、活動の付加価値の程度が平均化してしまう。売価の意思決定に利用する際は、原価対象に一般管理費を含めた間接費を配賦すると良いのである。

活動基準原価計算を企業の業務に適用する第2ステップの資源、活動、原価対象間の関係を決定することにについて、**図表2-12**に示す通りである。経済資源は製造業では製造原価報告書である。ただし、工場長、ライン管理者などの上級管理者の給与は活動プロセスへ割当てないのである。活動プロセスの共通活動、支援活動、主活動にはそれぞれプロセスを構成する複数の活動原価が設定される。

ステップ3では、資源と活動間で、原価とコストドライバー単位の物量に関係している適切なデータを収集するのであるが、資源と活動プロセス間の内部取引の数は膨大に多いのである。ここに活動原価計算を業務に適応する最大のネックがある。そして、各活動のドライバー数の測定も製造物を数えるとなると、手間暇のかかる点である。活動ドライバーを作業時間として、作業時間の報告は比較的容易に入手できる。

図表 2-12 資源、活動、原価対象の関係

ステップ 4 では、新しい活動基準情報を計算して解釈する。活動のコストプールの金額とコストドライバーの数量により、活動ドライバー・レート 1 単位のレートを求めることにより、能率の程度が明らかとなり、活動の期間比較が可能となる。また、活動基準予算の活動原価と実際の活動原価を比較することにより、多くの活動のどの活動の能率が悪かったかを発見的に明示される。特に悪い能率の活動について、その構成原価のプロセスを調べて、原価が高い原因を調査して、改善を試みるのである。

第 3 節　サービス業の活動基準原価計算

伝統的原価計算の原価対象は製品であったが、活動基準原価計算は間接費を活動単位で把握するもので、多くの費用が間接費から構成されているサービス業にも適応できることは画期的なことである。吉川武雄ら編著『非製造業の ABC マネジメント』には、プロセス内のアクティビティについて「アクティビティは、ABC において中心的役割を果たし、アクティビティを認識すること、および、そのアクティビティのコストを計算することが ABC の重要な部分である。このような計算プロセスをもつ ABC は、間接費をサービスに合理的に配分することができ、さらに、経営資源がどのように企業経営の中で利用されたか、その全容をあきらかにすることができる。」[34)]と。サービス業においても、原価低減をする取組みはなされているが、その取組みをドライバー・レートで業績測定することで、PDCA 利用の原価管理を可能とする。

サービス業の例としてインボイス業をとりあげる。インボイス業は請求業務を請け負う企業で、また、どの企業にも必ず売上の請求部門での活動を必要としている。**図表 2-13** はインボイス業の活動基準原価計算システムをデザインしたものである。活動基準原価計算を実装するにはそのシステム化が不可避である。

インボイス業は元請け企業に関する、売上情報が日々多量に届き、請求先の口座へ売掛

情報として入力され、確認をする。売掛先への月に一度の請求書は、コンピュータ操作で出力される。各請求書は先月の請求に対して入金がなされているか、今月の請求金額に誤りが無いかなどを照合する、そして請求書を発送する。この事例では原価対象を個人か事業者かの２つに区分している。

資源の活動へ跡づけには資源ドライバーを必要とする。資源ドライバーは何らかの資源割当の数量を測定して、資源消費の金額を諸活動に割当てるものである。この内部取引は

図表 2-13　インボイス業(請求部門)の活動基準原価計算システム

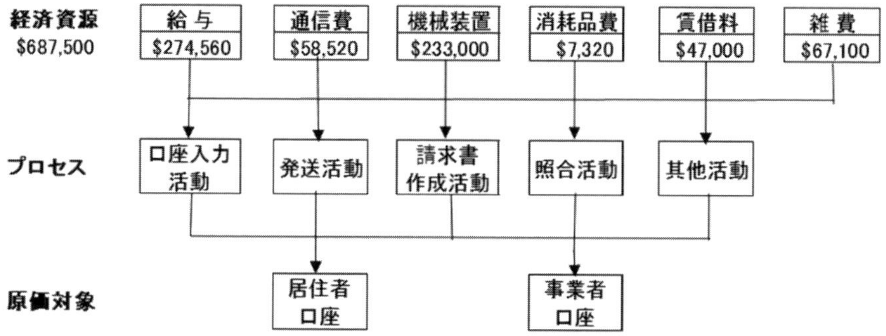

出所) C.T. Horngren, G.L. Sundem, W.O. Stratton, D. Burgstahler, J. Schatzberg, *Introduvtion to Management Accounting,* Peason, 2011,p.164 のイラスト図を参照して、筆者作成。

実際に行うとなると、手間暇のかかるとなる問題がある。キャプランとアンダーソンの表わした『時間主導の活動基準原価計算』には、現状の一例として次のような記述がある[35)]。

> 今、ある大きな金融サービス会社の実装例を紹介しよう。この会社では、従来の ABC を用いて、製品原価および顧客の収益性を毎月測定し、業務プロセスの改善、製品の適切な格付け、顧客との関係改善のために取るべき行動など、様々な望ましい目標の達成に役立てようとしてきた。しかし、その実行には、100 箇所以上の営業設備において、700 人もの社員が、毎月調査書を提出することが必要であった。さらに、この企業の場合、データを収集・分析し、経営(管理)者への報告書を準備するために、14 人のフルタイムの従業員が雇用され、この作業には 30 日以上の日数がかかっていた。

活動基準原価計算の原価管理の便益に対して、費用を考慮すると費用便益の問題が生じ

た。活動基準原価計算の実施に 30 日以上の日数と 14 人の正規社員の雇用を要する事は費用便益の導入基準に適合しないので、活動基準原価計算の実践には、効率性の良い活動基準原価計算システムを創始することが望まれている。

このインボイス業の資源ドライバーによる活動への割当は、**図表 2-14** 活動部門の管理者達のインタビューによる資源ドライバーに示されているごとく、各活動を監督する者へのアンケートにより集計している。インタビュー方式で資源ドライバーの資料をえることは、先の間接費カテゴリーの「施設-持続コスト」の工場建物と工場長などのコストを割当てることも可能である。また、インタビュー利用により割当てた金額を他者が見ると、それらしく感じる。このドライバー利用の原価の金額評価は人間の直感による結果への共感があるに過ぎない。キャプランとアンダーソンは「この見積もりとデータ処理の困難さはほとんどの ABC 実行者に明らかになっている。しかし、微妙でより深刻な問題がインタビューと調査それ自体から生じている。作業を扱った活動のリストにどれだけの時間を費やした

図表 2-14 活動部門の管理者達のインタビュー

活動ドライバー表

単位：%

活動実施に消費した資源	口座入力活動	発送活動	請求書作成活動	照合活動	其他活動	合計
監督者	40	10	30		20	100
会計事務員	90	10				100
請求作業員			30	70		100
用紙			100			100
コンピュータ	45	5	35	10	5	100
通信費	90				10	100
事務所	65		15		20	100
印刷機		5	90		5	100
その他経費					100	100

出所）C.T. Horngren, G.L. Sundem, W.O. Stratton, D. Burgstahler, J. Schatzberg, *Introduvtion to Management Accounting,* Peason, 2011,p.166.

かを見積もる時に、人は決まって 100%に足されるように各百分率を報告する。」[36]と。そして、インタビューや調査による ABC には、次のような問題点があった[37]。

- ABC に関するインタビューと調査には多くの時間と費用がかかる
- ABC モデルのためのデータは主観的で有効性には疑問がある

・ABC モデルのためのデータを保存し、処理し、そして報告することには多額の費用がかかる
・ほとんどの ABC モデルは独立的であり、全社的な収益性状況を統合的情報として提供し得えない
・ABC モデルは変化する状況に適応する形で簡単に対応できない
・ABC モデルは、未利用のキャパシティが存在する可能性を無視するとき、理論的正確性をかくことになる

今日、実際に活動基準原価計算として行われているシステムは未成熟と言わざるを得ないのである。資源と活動間の価値移転をする大量の内部取引について、コストをかけないで効率的に収集する方こと。そして、収集データを誰が見ても客観的であること。データを獲得し、活動原価と原価対象に至る情報処理の費用便益を高めること。活動基準原価計算の情報が企業利益と顧客価値の増加に貢献すること。製造プロセスの不断の変更に対応できること。こうした次項が、改善すべき活動基準原価計算システムの要件に通じている。

活動実施に消費した経済資源の金額と、**図表 2-14** のインタビューにより取得した活動ドライバー数と、**図表 2-15** に示めした活動ドライバー表とから、プロセスを構成する活動の原価金額を求めることができる。金額だけでも、予算額または先月の原価金額と比較することで当月の活動評価ができる。

ターニーは活動と原価対象の価値移転を、特に活動ドライバーと称している。インボイス業では、顧客の口座に、証拠資料より 1 件 1 件データ形成される。データの要件は検証可能性であり、チェックが必要である。顧客口座は資料との突合数がドライバーとなる。請求書の発送活動には「通」を、請求書作成には「枚数」、問い合わせに応じた照合には「件数」、其他活動には請求書作成に関わった諸々の作業として請求書の「枚数」がドライバーである。コンピュータシステムを利用していれば、口座入力数はレコードの増加分で、印刷枚数もシステムでカウントできる。問い合わせによる照合は「問い合わせメモ」の枚数をドライバー数とする。

活動基準原価計算を実装するには、活動には活動ドライバーを見出すことである。給付単位であるドライバー数を見出し、これを測定できることで、本来的な原価計算となるのである。活動のコストプールとコストドライバーのデータは、**図表 2-16** のドライバー・コストの表に示されているように、活動のコスト金額をドライバー数で除すると、求めるこ

図表 2-15 プロセス内の活動原価への割当

活動コストプールの集計表

単位：$

活動実施に消 費した資源(金額)		口座入力活動	発送活動	請求書作成活動	照合活動	其他活動	合 計
監督者	33,600	13,440	3,360	10,080		6,720	33,600
会計事務員	173,460	156,114	17,346				173,460
請求作業員	67,500			20,250	47,250		67,500
用紙	7,320			7,320			7,320
コンピュータ	178,000	80,100	8,900	62,300	17,800	8,900	178,000
通信費	58,520	52,668				5,852	58,520
事務所	47,000	30,550		7,050		9,400	47,000
印刷機	55,000		2,750	49,500		2,750	55,000
その他経費	67,100					67,100	67,100
合計	687,500	332,872	32,356	156,500	65,050	100,722	

出所) C.T. Horngren, G.L. Sundem, W.O. Stratton, D. Burgstahler, J. Schatzberg, *Introduvtion to Management Accounting*, Peason, 2011,p.168.

とができる。このコストドライバー・レートは、この数値だけで生産効率を示すことから、コスト金額よりも原価管理に役立つ情報である。さらに、原価対象がこのコストドライバー・レート値をどれだけ利用したかで、原価対象が評価される。**図表 2-16** に示す例では、原価対象は居住者と事業者の 2 つがあり、この顧客クラスがそれぞれ活動のコストドライバー・レートで、どれだけの量を費消したかで原価対象が評価される。

注目すべきは照合活動である。事業者が請求書を受け取り、請求金額に疑問があれば、直ちにインボイス業者に連絡して、問い合わせをする。事業主へのサービス提供に対する売掛金の発生が事業所内で何件も生じて、インボイス業者は請求書先に請求書をまとめる必要があり、似たような事業所名があると、誤謬しやすい。また、件数が多い、金額の桁が大きいのも間違いの要因である。この事例では、居住者への照合活動の件数はなく、事業者への件数は 20,000 件あった。

この活動基準原価計算の請求 1 件当たりの単位原価に対して、従来の間接費の配賦を用いた伝統的原価計算の単位原価を示した**図表 2-16** の「顧客クラスごとのコスト」の表の下から 1、2 行について、ホーングレンらは「従来の原価計算では高い営業量の居住者口座を割高にしていた、そして、低い営業量の複雑な事業者口座をかなり割安にしていたことに注意してください。ABC を用いた居住者口座の 1 口座あたりのコストは$3.98 である。これは伝統的原価計算により計算されたコスト$4.58 より$0.60(13%)少額です。事業者口座の 1 件当たりのコストは$10.50 です。これは伝統的原価計算システムからのコスト$6.88

図表2-16 インボイス業のコストドライバー・レートと原価対象のコスト

ドライバー・コスト

活動(ドライバー単位)	合計コスト(1)	合計ドライバー単位数(2)	ドライバー・単位コスト(1)÷(2)
口座入力(突合)	$332,872	25,000 突合数	$13.314880
発送(手紙)	32,365	2,800 通	$11.555714
請求書(印刷頁)	153,125	160,000 印刷枚数	$0.957031
照合(勘定確認)	68,425	20,000 確認件数	$3.421250
其他活動(印刷頁)	100,722	160,000 印刷枚数	$0.629513

顧客クラスごとのコスト

		居住者		事業者	
	ドライバー・単位コスト	ドライバー数	コスト	ドライバー数	コスト
口座入力	$13.314880	20,000 突合数	$266,298	5,000 突合数	$66,574
発送	$11.555714	1,800 通	20,800	1,000 通	11,556
請求書	$0.957031	120,000 印刷枚数	114,844	40,000 印刷枚数	38,281
照合	$3.421250	確認件数		20,000 確認件数	68,425
其他活動	$0.629513	120,000 印刷枚数	75,541	40,000 印刷枚数	25,181
合計コスト			$477,483		$210,017
口座数			120,000		20,000
口座単価			$3.98		$10.50
口座単価(伝統的原価)			$4.58		$6.88

出所) C.T. Horngren, G.L. Sundem, W.O. Stratton, D. Burgstahler, J. Schatzberg, *Introduvtion to Management Accounting,* Peason, 2011,p.169.

より多額の$3.62($53%)です。この分析は伝統的システムが事業者口座を割安にしているという管理者の信念を強めている。」[38]と言っている。これまでの原価計算の現状は製品原価が求まれば良いという、計算のための原価計算であった。活動基準原価計算では、活動のコストプールの原価金額とドライバーの測定量より、コストドライバー・レートがわかり、活動の効率性を評価できるとともに、原価対象への価値増加の跡づけを根拠づけるものである。

図表2-13のインボイス業(請求部門)の活動基準原価計算システムにおいて、経済資源、プロセス、原価対象との3階層があったが、これらは次の算式で示すとおり、等価である。

経済資源($687,500)＝プロセス($687,500)＝原価対象($477,483+$210,017)

この活動基準原価計算の等式により、多少の不明な金額は推定することができる。インタビューを用いたこのインボイス業の事例では、資源ドライバーは、多方面でよく利用されるアンケート調査と同様に、活動のコストプールは意識調査による金額であった。これまで、原価計算は製造業の製造原価を計算していたが、損益計算に内在するサービス業の原価に、活動基準原価計算を実装できた点は、原価計算研究の大きな躍進である。

第4節　製造業の活動基準原価計算

これまで、製造業の原価計算には間接費配賦の問題があったが、この課題を ABC クロスの視点から、これまでの活動基準原価計算をさらに精緻化を試みて、考察する。

ターニーは、すでに 1991 年に『活動基準原価計算：業績評価の問題解消』を表わした。この書に、バルブ製造業を取り上げた事例を載せている。バルブ業の資源より活動に割当てる視点には次のものがある[39)]。

- 必要な材料が確認され、注文され、保管される
- 生産が予定されて、材料が調達されて、生産現場に移動される
- 生産が始まる前に、穿孔装置と製造装置が設定される
- 材料が鎔解炉で溶かされて、鋳型が作られ、そして、溶融金属が鋳型に注がれる
- 金属が冷えると、鋳型は壊されて再利用される。そして、その部品が機械にかけられて、穿孔されて、完成して、さらに組み立てられる
- 各生産実行の最初の 1 個は欠陥を検査する
- 部品は各プロセスを完了して、ステップからプロセスへと移される
- 完成したバルブは検査されて、梱包されて、顧客へ運送される
- 顧客は請求されて、支払いが受け取られて、手続きされる。

バルブ製造業の製造工程はバルブの鋳型製造工程と、バルブ製造工程とからなる。鋳型製造工程では、**図表 2-17** に示されている、鋳造活動、鎔解活動、鋳造物製造活動と目視検査である。

鋳型活動は、鋳物をつくるために、砂で溶ける鋳型の周りを砂で埋めた鉄製容器をつくるものである。鎔解活動は銅のインゴット、廃棄された銅製品・銅線などを電気炉で鎔解する。

鎔解活動は 24 時間電気炉で銅を溶かし続けている。鋳物製造活動では鋳型に鎔解した銅を

図表 2-17 バルブ製造業のプロセス(鋳型製造工程)

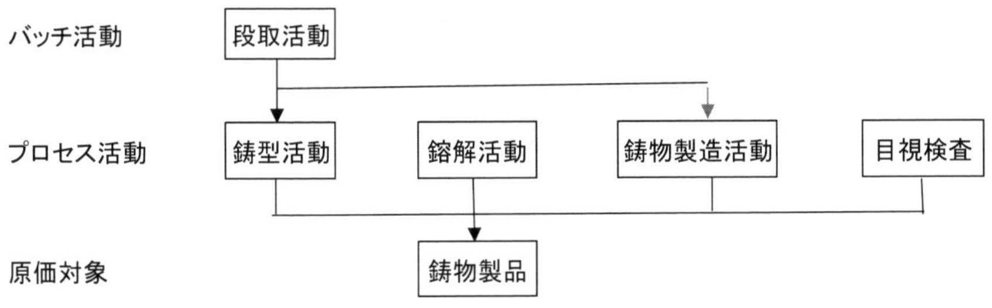

を流し込み、鋳物が冷めたところで、その容器を開き、鋳物を取り出すと共に、使われた砂を砂の貯蔵場所へ戻す。検査は人の目で、主に土塊で鋳物の外面と内面にデコボコがないかをみる。異常があれば、不良品となり、いずれ電気炉で鎔解される。

原価対象はバルブ鋳物であり、制御弁バルブ、配管の角に使うL字型、配管の延長に使うI型があり、内径の大きさは何種類もある。原価対象への活動ドライバーは、鋳型活動では容器数、鎔解活動では鋳物の容量と個数、鋳物製造活動は流れ作業となっている設備を利用した容器の数である。そして、目視検査は鋳物の入った籠の数となる。バルブ鋳物の製造は自動化されたライン生産であり、ラインの製造システムで容器の数を数える。

鋳物のバルブ加工前のものを仕入れ材料として、バルブ製造を専門とする企業がある。このバルブ製造業を ABC クロス・モデルより考察してみる。**図表 2-17** は主プロセスとこれに付随するバッチ活動を加えたものに過ぎない。経済資源の消費した費用には損益計算書と製造原価計算書がある。この経済資源の発生に対して、活動基準原価計算の範疇である活動基準原価計算の活動センターを決める必要がある。これは会計公準の 1 つである実体としての活動センターの措定である。ホーングレンらは「4 階層のコスト階層」の中で「施設-維持コスト」を活動センターから除外した。工場の土地と工場建屋の維持費用を活動センターには算入しないで、主活動に深く関連した間接費のみを活動センターで扱うことで、原価管理の目的に良く適合する、価値創造の貢献度が明確に示され、原価管理の意思決定に有効となる。他方、製造に起因したとしても、欠陥商品を売却しての、製造物責任に関わる費用は損益計算のみで扱う。工場の設置場所と工場建屋の選定は経営者による収益性の意思決定である。

ターニーは慣行の原価計算の間接費について、次のように批評している[40]。

間接コストと直接コストとの違いは今日の企業では無意味です。1つには、ABCは多くの間接コストは諸活動への直接コストであり、そして、活動を通じて製品と顧客への直接コストであると教えてきている。別の理由に、間接コストは、多くの企業で、唯一重要な非材料コストである。直接労務コストは過去のものに追いやられる危険にある。多くのサービス業では、間接コストは唯一重要な原価範疇である。

活動基準原価計算は間接費を直接費化するものである。材料と買入部品はバルブ製品勘定へ直接割当てられる。活動基準原価計算においては、直接労務費はなく、労務費はプロセス内の何らかの活動へ割当てられる。経済資源から活動への価値移転は割当るという表現で良いかもしれないが、活動間と活動と原価対象間はこの価値移転を何らかの活動ドライバー数での「跡づけ」が適切である。製造業のプロセスには**図表2-18**で示されているように、主要プロセスと、このプロセスを支援するプロセスが存在する。支援プロセスは物流活動のように、主要プロセスの継続的活動を支援している。

図表2-18 バルブ製造部門のプロセス

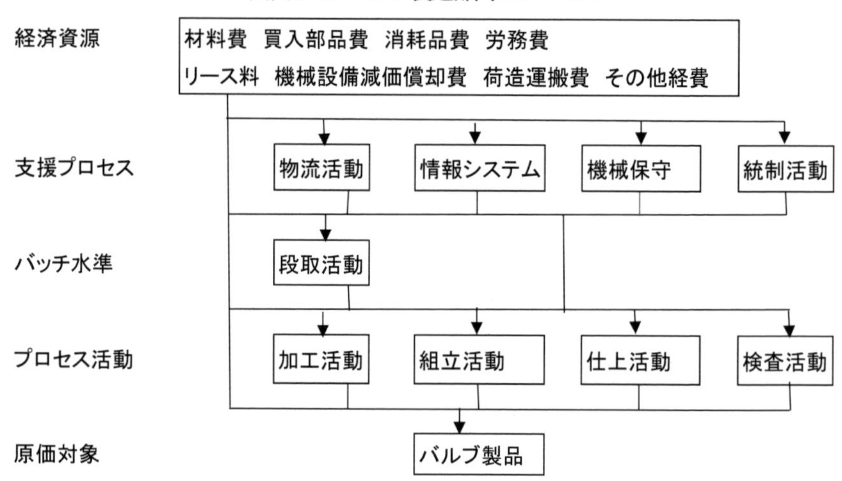

活動基準原価計算は資源から活動へ、活動から原価対象へと価値移転の跡づけにより計算される。このプロセス計算について、ヴルナウとプラトノウ(M. Virnau, K. Platonow)は次の段階を示している[41)]。

1. プロセス階層の活動分析と構成
2. コストドライバーの決定
3. 給付数—プロセス金額の決定
4. プロセスへの原価整理
5. プロセス原価率の計算
6. 副プロセスから主プロセスへの集計
7. プロセス原価による原価計算

第1段階について、**図表2-18**に示す支援プロセス活動から主プロセス活動までを決める。第2段階には、活動ドライバーを決める。物流での評価単位としてトン・マイルが利用されているが、人手で運ぶとしたならば「賃率×時間」であろう。もし、自動走行の運搬器で運ぶとしたならば、利用回数をドライバーとする。もし、人手と運搬器が混在する場合には人手物流活動、器械物流活動との2つの勘定を設定する。

第4段階で各プロセスの活動ドライバーとコストプールを整理する、この情報があれば、第5段階でドライバー1単位当たりの原価(コストドライバー・レート)が把握できる。第6段階で、例えば、加工活動でaバルブとbバルブを何個加工したか、それぞれの個数にコストドライバー・レートを掛けるとaバルブの加工原価がわかる。そして原価対象であるaバルブの製造原価の構成要素は次のようになる。原価対象は直接原価と諸活動をドライバーを用いて直接費化した活動原価とで構成し、期間比較を可能とし、正確性のある製品の原価金額である。

原価対象(aバルブ)：材料、段取活動、加工活動、組立活動、仕上活動、検査活動
(or 直接材料 ＋ プロセス活動)

第5節 原価対象の利益分析

活動基準原価計算の原価対象は顧客対応のものに発展している。そもそも、製品の原価対象は顧客への給付を予定している。商人は生産者と消費者を結び付ける機能の一役を演じている。製造業者が配送サービスを付加する事で、顧客への付加価値を付けることになる。顧客の求めに応じて、製品の設置、製品の使用説明・指導、利用後の保守などのサービスは、顧客価値の増加とともに、製造業者の収益に結びついている。顧客対応の原価対象

は次の算式である。

顧客対応の原価対象　＝　製品の原価対象　＋　配送原価　＋　保守サービス原価

製品の原価対象以降のサービス部門に、キャプランらは、評価の基準値と比較するベンチマークにより接近し、「会社は、現在の業務プロセスの業績と、これに類似した会社内部ないしは外部の業務プロセスとの比較を行うために、ベンチマーキングを利用する。しかし、特に外部のベンチマーキング・サービス企業によって提供されているプロセス・コストに関する統計的なベンチマーキングは誤りを導くことが多い。」[42]として、TDABC を用いてベンチマーキングを配送業務に適用し、**図表 2-19** の集計結果を得た。

この集計は 5 ヶ月のプロジェクトの下に行われ、この表の各金額は配送の 1 件当たりの費用であり、注目するのはアトランタ工場で、常時、最低費用の 19.25 ドルを維持しており、アトランタの配送業務の方式がベストプラクティスであり、他の工場でアトランタ方式を行うという経営管理の判断をした[43]。

図表 2-19 時間主導型 ABC による南東部の工場の受注プロセスにおける費用のベンチマーキング

ベンチマークする費用	バーミンガム	ナッシュビル	アトランタ	サバンナ	ジャクソンビル	シャーロット
受けた注文ごとの費用	24.92ドル	26.11ドル	19.25ドル	37.22ドル	48.34ドル	25.12ドル
最低値	19.25ドル	19.25ドル	19.25ドル	19.25ドル	19.25ドル	19.25ドル
差異（金額）	(5.67)ドル	(6.86)ドル	(0.00)ドル	(17.97)ドル	(29.09)ドル	(5.87)ドル
差異（金額）	-29%	-36%	0%	-93%	-151%	-31%

出所)R. S. キャプラン、S. R. アンターソン著、前田貞芳、久保田敬一、海老原崇監訳『戦略的収益費用マネジメント』、マグロウヒル、2009、172 頁。

図表 2-20 顧客別 IT 費用計算

口座番号	取引の種類	時間ゾーン	取引回数	取引ごとのMIPS	使用されたMIPS数	MIPSごとの費用	総費用
37382001	売買	オフピーク時	7	0.4	2.8	17.90ドル	50.20ドル
37382001	売買	午前のピーク時	14	0.4	5.6	33.20	185.80
37382001	売り注文	午前のピーク時	23	0.1	2.3	33.20	76.30
37382001	口座内の資金移動	オフピーク時	1	0.7	0.7	17.90	12.50
37382001	**合計**						**324.80ドル**
37382002	口座内の資金移動	オフピーク時	2	0.7	1.4	17.90ドル	25.10ドル
37382002	売買	午後のピーク時	1	0.4	0.4	26.30	10.50
37382002	**合計**						**35.60ドル**

出所)R. S. キャプラン、S. R. アンターソン著、前田貞芳、久保田敬一、海老原崇監訳『戦略的収益費用マネジメント』、マグロウヒル、2009、229 頁。

顧客へのサービス業務は、費目ベースでは間接費と認識されていたが、活動ベースを措定すると、顧客への直接原価と扱うことができる。そして、受取手数料の価格の決定と収益性の評価の意思決定の情報となる。次の事例はネット証券を扱ったもので、**図表 2-20** は顧客別 IT 費用の事例である。

図表 2-20 の中の、顧客 37382001 の取引はオフのレート 17.90 ドルが 7 件、午前のレート 33.20 ドルが 14 件、顧客 37382002 の取引は午後のレート 26.30 ドル 1 件であった。口座内の資金移動は口座保管料で、取引は成行き売買もあるが、売買の時間区分の各レートに、注文の 33.20 ドルを加え、さらに諸経費を回収して利益を生み出すように手数料を決定する。顧客対応の活動単位を措定することで、その活動単位と顧客との取引関係が生じて、直接費として認識できるようになる。そして、顧客対応の原価を認識することにより、原価計算の目的にある価格決定の意思決定に有用な情報を提供する。

図表 1-3 の価値連鎖では、製造の価値増加に続いて、マーケティング活動がある。マーケティングそのものに、顧客ドライバーを見いだせるものと、見いだせないものがある。M. W. マイヤー(Marshall W. Meyer)は『活動基準利益分析(Activity-Based Profitability Analysis)』を著わし、活動基準原価計算を利益分析への適用を試みたが、売上ドライバー(revenue driver)の概念を用いての接近である。そして、彼は活動基準原価計算の優れた点、2 点を次のように指摘している[44]。

第1に、ABCはすべてのコストを明確にしてくれる。全体にかかってくる*経費を任意の(根拠の薄い)方法を使って、製品や顧客に配賦することにより発生するゆがみを最小限にできる手法なのである。第2はABCによってコストの発生源になる事象を追跡調査できるので、その事象を注意深く調べることによりコストの妥当性を判断することができるのだ。

*注) overheadを、「全体にかかってくる」と訳した.ちなみに，全体にかかってくる経費は，配賦によってのみ製品や顧客に分けることができ，直課することはできない.「配賦」という言葉は，本来分けられないものを無理やり分けるという意味があり，どんなに細かく計算しても100%納得できる究極的に正しい配賦方法というものは存在しないものである.

これまで論じられた、サービス業と製造業の活動基準原価計算は、間接費の配賦問題を解消して、かなり正確性のある原価情報を表示している。また、製造プロセスをたどれば、そして、活動のコストドライバー・レートを期間比較をすることにより、活動の効率性を判断でき、原価管理に有用な情報を提供できる。

M.W. マイヤーは社外コンサルタントがABCを会社に適応し、数百の活動に分解し、活動それぞれを、次の5つに分類した[45]。

①適切なコストレベル

②コスト配分が不足

③コストのかけすぎ(活動が適切だがコストが高すぎ)

④やりすぎ(必要な活動だか実施の強度や回数が多すぎ)

⑤不要な活動

こうした五つの活動分類は製造活動でも生じている。①の適切なコストレベルかは予算との比較が一般的であるが、活動基準原価計算ではコストドライバー・レートの期間比較和する。②のコスト配分が不足は、現場では必要であるが予算がないから資源消費ができない。③コストのかけすぎについては、予算を受諾した管理者が予算消化として資源消費をしてしまう。④と⑤は、これまでの活動基準原価計算で明らかとなった、無駄概念、非付加価値概念である。

前章の**図表1-3**の価値連鎖では、製造目的の原価対象に引続く価値連鎖の活動にマーケティング、発送と顧客サービスがある。この領域の原価対象は外部の顧客に向けられた原価対象である。換言すれば、売上に向けられた活動プロセスである。マイヤーは

ABPA(Activity-Based Profitability Analysis)は製造活動と分離した領域で、売上ドライバーで扱い、このドライバーの3つの条件とその可能性を、次のように言及している[46]。

3つの条件とは

(1)活動(activity)それぞれのコストが把握できる.

(2)各顧客から得られる売上が把握できる.

(3)顧客に対して提供される活動が顧客ごとに把握できる.

もちろんABCにとって(1)は,問題ない.ABCはコストを推定する仕組みだからである.(2)の条件は企業ごとに事情が違うであろう.長期的に顧客との関係を育てていかなければならない企業は顧客ごとの売上を把握している事が多い.それに対して,一過性の取引が多くマス・マーケットで販売しているような企業はこれが把握できていない場合が多いだろう.また,(3)の条件がみたされることはまれではないだろうか.

先のインボイス業での請求業務活動は原価対象を事業者と居住者のセグメントにより、ドライバーの3条件を満たしている。マーケティング、発送と顧客サービス価値連鎖のうち、発送活動は売上請求がなされている。顧客サービスでの保守料、指導料、修理料などは契約により売上請求することにより、ドライバー3条件を満たす。しかしながら、マーケティングは会計では販売促進費であるが、第1の条件の活動コストは把握できても、他の2条件は把握が困難である。顧客へのDM(direct mail)、地域へのチラシ、新聞テレビのマスメディア広告、マスメディアになればなるほど、広告の売上促進効果は費用便益があるかはわからない、しかも、しばらく経った後に購入する顧客いたりする。

本書では、マーケティングへの活動基準原価計算からの視点は販売促進活動そのものにと止め、その売上ドライバーの効果を売上高と関連づける考えを踏襲しない。販売促進活動は多種ある。顧客の原価対象には顧客ドライバーが適している。松下幸之助は中小企業規模の電気製品製造業の時に、不況に直面し、製造する工員を、在庫品の販売活動をする営業員に転換した。この営業員の顧客へ出向いての販売促進活動は顧客ドライバーを見いだせるであろう。顧客は製品の便利さを知り、会社の売上が漸増した。この増えた売上額は定かでないが、工員のセールス活動が販売促進に貢献したことは確かである。

顧客ドライバーは販売充足費には容易に見いだす事ができる。顧客へ商品を配送する、商品の設定を使用場所でする。商品の故障があれば、修理に出向く等では配送活動、保守活動のコストプールとコストドライバーが見いだせるので顧客の原価対象を求める事ができる。ある顧客の製品の原価対象と顧客の原価対象を加味した原価と顧客売上から隠れ顧客損失が、真に利益獲得に貢献している顧客とが、活動基準原価計算から分かるようになっている。

コトラー(Philip Kotler)は近年のマーケティングについて「4P を売り込むことから、4C を利益につなげることへ」の項で、4P は「何を提供するか(製品と価格)を決定したら、どのようにして提供するかを決めなくてはいけない。顧客の購入や利用の利便性を高めるために、当該製品をどこで販売するかも決める必要がある。さらに、広告、セールス・プロモーションなどさまざまな方法で、製品情報をターゲット・オーディエンスに伝えることも必要だ。」[47]とした上で、さらに、今日のインターネット時代では「マーケティング・ミックスの 4P は 4C(co-creation=共創、currency=通貨、communal activation=共同活性化、conversation=カンバゼーション)に改められるべきであろう。」[48]と述べている。企業はサイバーモールへの出店、SNS(social networking service)への働きかけ、製品・サービスの顧客から購買・利用・問題点などの意見をネットを介して BtoC を構築している。製造活動から顧客への価値連鎖のマーケティングは性質がことなり、イメージで示すと、**図表 2-21** のようになる。マーケティングは価値連鎖の観点からは販売促進活動である。

マーケティング活動は顧客への直接費化している活動の売上を押し上げる効果があり、マーケティング活動は不特定な顧客への働きかけであり、間接費のままである。今日のネット社会では、製品・サービスに対する不満・苦情が容易に寄せられているが、この不満・苦情の軽減へ対処した製品企画は顧客価値を増加するものである。

製品、配送、保守サービスをプロセスとする原価対象を顧客へ提供すると、その対価として売上が発生する。そして、その売上から対応する原価対象を控除することで、粗利益

図表 2-21　製造後の価値連鎖の活動

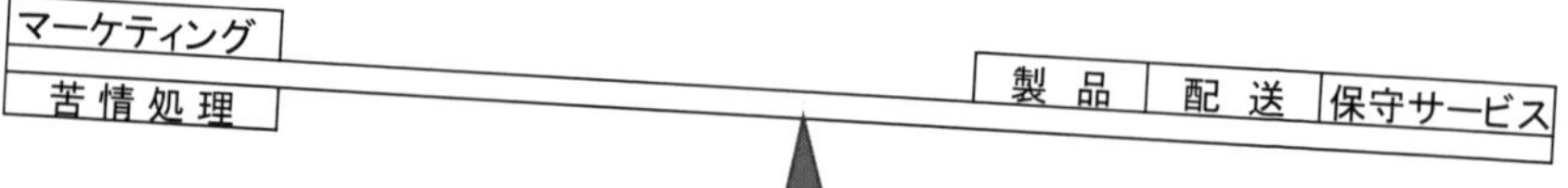

を求めることができる。これらの関係は次の式で示される。

(顧客)原価対象　＝　製品　＋　配送　＋　保守サービス

売上高　－　(製品･原価対象　＋　顧客･原価対象)　＝　顧客損益

ターニーはこの原価対象について､｢原価対象は活動を演じる理由である｡この対象は製品､サービス、顧客、取引先、そして戦略的要素を含んでいる」[49]と。戦略分析ツールとしてPPM(product portfolio management)が知られているが、彼は**図表2-22**製品戦略にて、製品原価の戦略対応をしている。

第1象限は利益率が高くて販売量も多く、現状を維持するように勧める。第2象限は利益率は高いが販売量は少ないもので、この象限はマーケティングに力を入れ、第1象限へ販売量を増やして、近づける。第3象限は販売量は多いいが利益率が低いので、原価低減策をPDCAにより行う。第4象限は販売量も少なく、利益率も悪いので、減産するか、利益もなく販売量も少なければ製造中止をする対象品である。

営業量は請求事務で作成される請求書の製品コードを表示する際に利用している製品ファイルから求める事ができる。原価対象には製品を対象にするものと、顧客を対象とするものとがある。製品の原価対象の粗利益は製造業の活動基準原価計算の原価対象の評価と

図表2-22　製品戦略

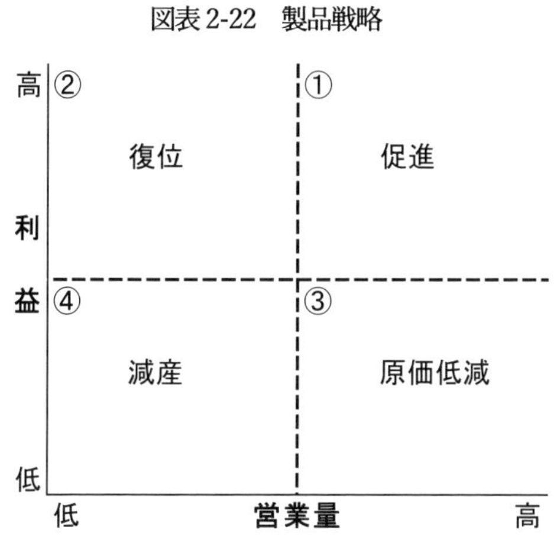

出所) P. B. B. Turney, *Common Cents*, McGraw-Hill, 2005, p.157.

製品の売上高からもとめることができる。また、製品の売上の評価金額は製品ファイルの売価が記載してある。顧客対応の原価対象はサービス業の活動基準原価計算の手法が必要である。配送活動、設置活動、保守活動のコストプールとコストドライバーを措定する。配送活動について、JIT 導入企業へは 1 日に数回配送する、問屋をする企業へは不定期に大量に配送する。個人経営の工務店へは少量を不定期に配送する。配送方法も自社のトラック、運送会社に委託、宅配業者を利用する等方法も配送コストも様々である。運送プロセスこそ原価の発生原因であり、3 方法あれば 3 種類の荷造配送活動への経済資源の消費で活動原価が集計される。この活動原価を顧客ごとに跡づけることにより、従来間接費として配賦していた費目が顧客へ直接費化できるのである。

保守サービスの提供は顧客価値を増加するもので、この提供は顧客ロイヤリティに繋がるとともに、提供者の収益にも貢献する。製品の原価対象の粗利と顧客への原価対象の粗利の総合粗利が顧客への総額粗利である。この総額粗利こそ、原価管理の目標である。活動基準原価計算のプロセス視点は原価発生原因を活動より明らかにし、顧客の視点より自社の製品・サービスの強みと弱み、貢献と不採算を明らかにしてくれる。

第 6 節 非付加価値分析

ブリムソンは活動原価を原価分解した変動原価と固定原価とについて、「変動コストは短期的には、生産量に比例して変化する(すべてのコストは長期的には変動コストである)。固定コストは短期的には、生産量で変化しない。」[50]と述べている。変動原価となる材料は生産量に応じてその原価が増額する。変動原価である配送費の業者への委託料も、配送量が増えるにつれて、原価も増える。固定コストは長期的には変動する。機械は固定原価として扱われるが、長期的には技術進歩や利用技能の向上により、生産性を高めて、原価が低減する場合がある。また、環境規制、経済規制で原価が逓増する場合がある。これらの事は共通認識であるが、ブリムソンは固定コストについて「固定コストは 2 つの構成要素(実際に使われた機械能力と未利用の機械能力)がある。機械の全コストが実際の利用量と関連しているがゆえに、未利用能力の扱いは劇的な衝撃を有する。実際または見積に基づくアクティビティ・レートは当期製品へ未利用機械能力を費用とする。他方、実際の機械能力に基づくアクティビティ・レートは当期製品コストを実際に使われたコストだけの費用とする。この未利用機械能力は管理費に転記され、そして非付加価値コストとして分類される。」

[51]としている。慣行の原価計算では非付加価値の概念はなく、ある機械を利用していても、利用しなくても、ある機械の月割減価償却費は製品原価に算入してしまっていた。その機械が利用されていない時間は、費用は発生していても価値を生み出していないのである。例として、月額の減価償却費¥100,000 の加工機械が月 100 時間稼働し、月 60 時間が未稼働であったとする。資源消費を記録する財務簿記では次のように仕訳される。

(借方)	(月割)機械減価償却費	100,000	(貸方)	機　械	100,000

活動基準原価計算の領域では、次の仕訳で示される、内部取引がある。

(借方)	加工活動	62,500	(貸方)	減価償却費	100,000
	非付加価値	37,500			

非付加価値勘定を用いて、識別した非付加価値をプロセスから区分する事の意義は、目的適合性を喪失した原価計算から決別して、劇的に原価管理に有用な原価情報となる。

図表 2-23 TDABC のコストドライバー・レート

アクティビティ	消費時間(%)	配賦費用	コスト・ドライバー量	コスト・ドライバー率	
顧客注文の処理	70	396,900 ドル	49,000	注文あたり	8.10 ドル
顧客からの問い合わせ対	10	56,700 ドル	1,400	問い合わせ当たり	40.50 ドル
与信審査の遂行	20	113,400 ドル	2,500	与信審査当たり	45.36 ドル
合計	100	567,000 ドル			

出所)R. S. キャプラン、S. R. アンターソン著、前田貞芳、久保田敬一、海老原崇監訳『戦略的収益費用マネジメント』、マグロウヒル、2009、12 頁。

未利用キャパシティは**図表 2-24** で示されているように、TDABC でも用いられている。活動ドライバーの資源は変動費も固定費も含まれる混合費である。そして TDABC はコストドライバーに時間単位を用いるのが特色である。**図表 2-23** は TDABC のコストドライバー・レートの算定過程を示している。3 つのドライバーを扱う部門の総費用は$567,000 であり、顧客注文処理、顧客からの問い合わせ処理、与信審査の遂行にかかった時間の比率は 70%、10%、20%である。

顧客注文の処理のコストドライバー・レートについて、この配賦費用は総費用$567,000 の 70%で$396,900 となる。このコストドライバーの件数は 49,000 件あった。よって、1 注文当たり$8.10 となる。同様にして、顧客からの問い合わせ処理のはせのコストドライバー・レートは$40.50 となり、与信審査の遂行のコストドライバー・レートは$45.36 とる。

図表 2-24 TDABC による未利用キャパシティ

アクティビティ	単位時間	数 量	総時間(分)	費用合計
顧客注文の処理	8	49,000	392,000	352,800 ドル
顧客からの問い合わせ処理	44	1,400	61,600	55,440
与信審査の遂行	50	2,500	125,000	112,500
利用されたキャパシティ			578,600	520,740 ドル
未利用キャパシティ(8.2%)			51,400	46,260
合計			630,000	567,000 ドル

出所)R. S. キャプラン、S. R. アンダーソン著、前田貞芳、久保田敬一、海老原崇監訳『戦略的収益費用マネジメント』、マグロウヒル、2009、16 頁。

TDABC の未利用キャパシティを推定する過程について、**図表 2-24** を用いて示す。単位時間は各活動ドライバーの平均単位時間である。この単位時間に処理件数を掛けると総時間を求める事ができる。実際キャパシティについて、「各従業員の実際的キャパシティは、四半期につきほぼ 22,500 分(1 日 375 分×四半期 60 日)になる。すると、28 人のフロントライン現場従業員が働く当該部門での実際的キャパシティは 630,000 分となる。」[52]と。そしてキャパシティ費用率は$567,00 を 630,000 で割り、毎分$0.90 となる。TDABC の未利用キャパシティはコストドライバー・レートよりの推定値($567,000)と実際的キャパシティの測定値($520,740)との差額($46,260)となっている。未利用キャパシティは削減が基本であるが、「経営者は現在未利用のキャパシティを削減するのではなく、将来の成長のためにキャパシティを保持するかもしれない」[53]と、価値を産み出す方途も選択肢であるとしている。

活動ドライバーの単位は物量か時間かである。活動の未利用キャパシティは推定からではなく、実際の価値移転を測定することにより導かれることが望まれている。例えば、加工活動で、活動原価は¥800,000 であった。A 原価対象の部品 500 個、B 原価対象の部品 300 個を加工し、それらの作業時間は同じで規格が異なっている。機械の稼働は月 20 日間、1 日 8 時間の 160 時間であったが、1 日機械の故障があり稼働できなかった。**図表 2-24** で未利用キャパシティの処理法を示している。

この加工活動(¥800,000)において、1 日は何ら価値を産み出さなかった、給付のない費用の発生であるので、非付加価値(¥4,000)とする。非付加価値を排除したドライバー・レート(¥950/個)で、原価対象へ跡づけられた部品の評価額は他の月、昨年同月と比較可能な数値である。

図表2-24 未利用キャパシティの付加価値認識

加工活動	非付加価値	ドライバー・レート(個)
¥800,000	4,000	950
(800個生産)	(¥800,000*8/160)	(¥760,000/800)

	A部品	B部品
レート	950	950
生産個数	500	300
生産原価	475,000	285,000

非付加価値は無駄であり、この排除が管理が取り組むべき課題である。故障による生産停止は日々機械を保守することにより、回避できので、保守活動を充実することである。近年、未利用キャパシティを価値創造とするようなビジネスが生じている。例えば、サプライ用品を置く倉庫が不要になり、倉庫を貸事務所に転用する。また、休祭日に会社で利用しない駐車場を時間貸し業者に利用させる。他方、付加価値を削減する例として、利用頻度の低い加工機械は売却して非付加価値を排除し、その加工作業はアウトソーシングする。

ターニーがABCクロスを基本に据えた、自ら2次的発展と称した、活動基準原価計算は非付加価値を認識して、これを非付加価値活動として測定し、比較可能性を備えた活動単位と原価対象を導いた精緻な活動基準原価計算へと発展をしている。

小　括

伝統的原価計算の間接費は目的適合性を喪失していたが、活動基準原価計算の領域で、ターニーのABCクロスを適用し、活動ドライバー・レートで活動そのものを評価することが可能となった。さらに、未利用キャバシティの非付加価値認識で、さらに比較可能性を高めた活動評価と、活動プロセスを有する原価対象の評価が比較可能性を待つようになった。この活動基準原価計算は多くが間接費から構成されているサービス業へも適用できることが解明された。

価値増加に対する価値減少が原価の本質であるが、非本来的な非付加価値活動が顕わになった。これは無駄な費用であり、利益を減少してしまうもので、非付加価値の排除は強調しても、し過ぎることはない。原価の本来的消費からこの非本来的消費を区分することは、原価評価の比較可能性を確保できる。

原価評価と粗利益の比較可能性のある原価情報の目的は何かを、次章で扱う。活動基準原価計算の評価理論は明らかとなったが、この実際の測定を原価のアンケート調査であったり、ベンチマーキングであったりする現状は原価測定の代替的な方法である。活動基準原価計算の理論性に基づき、次章の原価管理を明らかにして、有効な活動原価計算の測定を目論むのが、第4章の活動基準原価計算システムである。

注

1) J. Lipnack & J. Stamps, The Age of the Network, 1994, p.41.には、次の図がある。

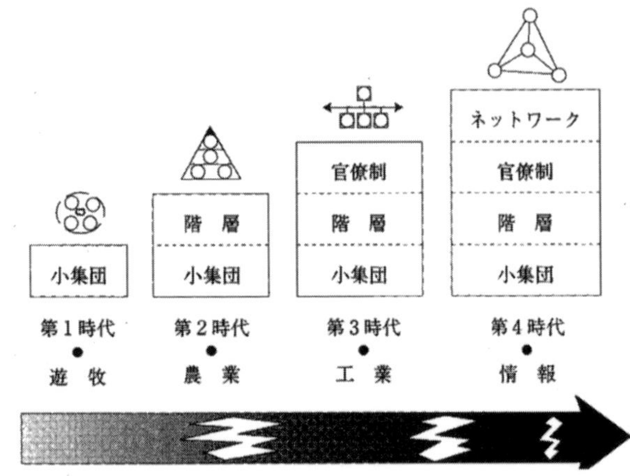

この図の解説は、拙稿「ネットワークと会計システム」『情報化の現状と展望』、国士舘大学政経学会、1997、71-72頁参照。ネットワークは広範な思想である。上図の社会や組織の意味がある。M. ブーバーは『我と汝』にて、人間の我と汝の関係は網の目として広がっているとの説がある。情報技術とりわけInternetの進展はネットの基盤を形成して、今日、SNS(social network systems)がある。ネット関係のAとBとの自由な結合が深まると、切っても切れない「花と蝶」の関係がある。ネットワーク図はA活動(線)とB活動(線)との結合点にノード(○)がある。

2) C. T. Horngren, S. M. Datar, M. V. Rajan, Cost Accounting, PEARSON, 2015, p.29.

3) P. B. B. Turney, Common Cents, McGraw-Hill, 2005, p190.

4)ibid., p.190.

5) op. cit., Horngren2), p.28.

6) C.T. Horngren, G.L. Sundem, W.O. Stratton, D. Burgstahler, J. Schatzberg, Introduvtion to Management Accounting, Peason, 2011,p.218.

7) op. cit., Horngren 6), p.147.

8) op. cit., Horngren2), p.30.参照。

9)J. W. Wilkinson, M. J. Cerullo, V. Raval, Womg-on-wing, Accounting Information Systems, John Wiley & sons, 2000, p.7.

10) op. cit., B. B. Turney, p.47.

11) ibid., p.108.

12) ibid., p.101.

13) ibid., p.102.

14)M. W. マイヤー著・(株) ビジネスブレイン太田昭和訳、『活動基準利益分析』、シュプリンガーフェアラーク東京(株)、2004、参照。

15) op. cit., B.B. Turney3), p98.

16) ibid., p.59.

17) op. cit., Horngren 6), p.147.

18) James A. Brimson, Activity Accounting: An Activity-based Costing Approach, Wiley, 1991, p.113.

19) op. cit., B.B. Turney3), p94.

20) ibid., p.85.

21) ibid., p.10-12 参照.

22)R. S. Kaplan, R. Cooper, Cost & Effect, HBS Press, 1998, p.114-115 参照。

23)町田耕一、藤沼守利著『管理会計要論』、創成社、1998、46 頁。

24) Steve Player & David E. Keys, Activity-based Management, Wiley, 1999, p.259.

25) op. cit., B.B. Turney3), p159.

26)Steve Player, David E. Keys, Activity-based Management, Wiley, 1999, p.259.

27) Ibid., p.257.

28) Op. cit., B.B. Turney3), p120.財務予算の指摘は、筆者が説明の都合で、下へ移した。

29) Ibid., p.87.

30) 河野二男著『プロセス原価計算論序説』、税務経理協会、2000、133 頁。

ロルゾン(P. Lorson)は「プロセス原価計算は特定の間接給付領域のみを考察対しようとする。それに対して活動基準原価計算はすべての企業領域における原価計算システムとして行われる。したがって、プロセス原価計算は伝統的原価計算の補完を表わすにすぎないのであって、活動基準原価計算のように独自的原価計算システムではない。」としている。英語で process costing は総合原価計算であり、活動原価計算にプロセスという用語は用いないであろう。プロセスが原価計算の構造を良く示している故に、ドイツではプロセス原価計算の用語が用いられるであろう。

31) Op. cit., Horngren 6), pp.165-168.

32) Op. cit., Horngren 2), p.183.

33) Ibid., p.184.

34) 吉川武男、ジョン・イネス、フォークナー・ミッチェル編著『非製造業のABCマネジメント』、中央経済社、1997, 10頁。

35)前田貞芳監訳、久保田敬一・海老原崇訳、R.S. キャプラン/S.R. アクダーソン著『戦略的収益費用マネジメント』、Mc Graw Hill Education, 2009, 3頁。

R. S. Kaplan, S. R. Anderson, Time Driven Activity-based Costing, HBS Press, 2007, p.3.

36) 同上書、5頁。Ibid., p.7.

37) 同上書、5頁。Ibid., p.7.

38)Op. cit., Horngren 6), p.169.

39) B.B. Turney, Activity Based Costing — The Performance Breakthrough, Kogan Page, 1996, p82.

40) Ibid., p.84.

41)Marianne Virnau / Katharina Platonow, Prazesskostenrechnung als Instrument des operative Contorolling, Grin, 2010, S.13.

42)前掲書、前田貞芳監訳32)、168-169頁。

43)同上書、172頁参照。

44)M.W. マイヤー著、(株)ビジネスブレイン太田昭和訳、『活動基準利益分析』、シュプリンガー・フェアラーク東京、2004、98頁。

45)同上書、114頁。

46)同上書、119頁

47)F. コトラー、H. カルタジャ、I. セティアワン著、恩藏直人監訳、藤井清美訳、『コトラーのマーケティング4.0』、朝日新聞出版、2017、81頁。

48)同上書、82頁。

49) Op. cit., B.B. Turney3), p.47.

50)James A. Brimson, Activity Accounting: An Activity-based Costing Approach, Whilley, 1991, p.111.

51)Ibid., p.112.

52)前掲書、前田貞芳監訳32)、13-14頁。

53)同上書、17頁。

第3章　活動基準原価管理

原価計算の本質は価値創造に対応する、価値消費を貨幣価値で評価することである。未だ、原価の計算技法としては不備であるが、生産活動に内在し、根源的な原価の有用性は計り知れない。原価計算の効果はどこまでの目的に及ぶのであろうか。活動基準原価計算に関わる活動基準管理(Activity-based Management: ABM)を考察することとする。活動基準原価計算の ABC クロスからは、資源消費の視点と、プロセスの視点とがあり、これらの活動のコストプールとコストドライバーとが如何に原価管理を通じて、目指す目的はどこにあるのであろうか。原価管理は原価それ自体から顧客価値創造へのコペルニクス的転回が希求されている。そして、原価管理の目的を共有することで、すべての働く人々の能率を高め、組織の有効性を高め、資源の効率的消費と有効活用とが地球環境保全にまで関わる。

第1節　経済資源の原価管理

(1) 原価管理の目的と手段

経済資源の消費は原価である。この原価の目指す目標はどこか、近年の経営管理は顧客の視点へ向かっている。**図表 3-1 新しく発展した管理的接近の重要主題**の顧客満足の目標の下位階層には原価管理がある。図中の全価値連鎖分析は外部のサプライチェーンと組織内の価値連鎖で、如何に価値増加をするかが課題である。継続的改善はカイゼン活動を通じて原価削減することが課題である。内部外部の両面視点は、価値増加の視点では顧客価値を創ること、企業内の開発力・技術力を高めることが主題である。また、原価の視点では原価低減を

図表 3-1 新しく発展した管理的接近の重要主題

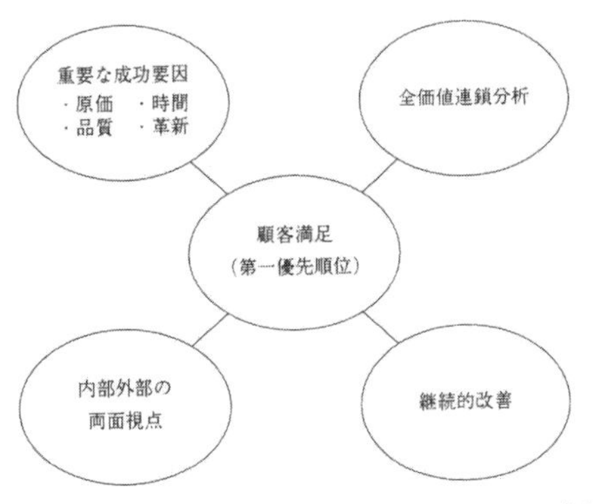

(出所) C. T. Horngren, G. Foster, S. M. Datar, "Cost Accounting," 1994, p.6.

通じて、安価な価格の製品・サービスを顧客に提供することである。重要な成功要因は実際に成長した企業の経験知から得た要素である。顧客に適切な原価で販売、タイムリーな製品・サービス提供、品質の高い製品の提供、革新的製品の提供の要因を内容とする。これらの 4 つの要因は、組織目標の第一優先順位の顧客満足をもたらして、大きく成長するものである。

原価の属性には金額、物、時間があり、顧客満足を第一優先として、費用便益に適合した活動を通じての、やがて、組織はスリムでしかも生産性の高いものとなる。企業の存在は顧客なくして存立ができない。**図表 3-2** は顧客満足の目標は顧客価値を高める原価低減のもたらす生産性の高い組織を示している。顧客価値を高めた製品は品質が高く低価格の物である。顧客価値のある製品を造りだす企業は持続可能性がある。さらに、原価属性の物に根ざすマテリアルフローコストは地球環境保全に有効である。原価管理の社会的役割は人類の生存にまで関わっている。

図表 3-2 価値創造と資源消費

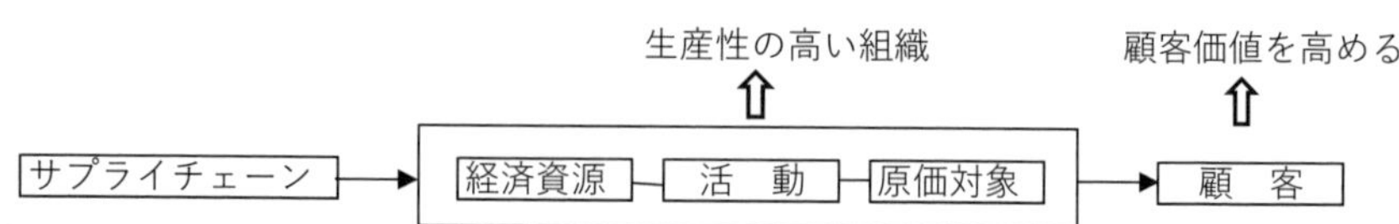

顧客価値を高め、また、原価を逓減する基本的な方法は、**図表 3-3** で示されている原価管理のための PDCA(plan, do, check, action)サイクルである。このサイクルは循環してい

図表 3-3 原価管理の PDCA サイクル

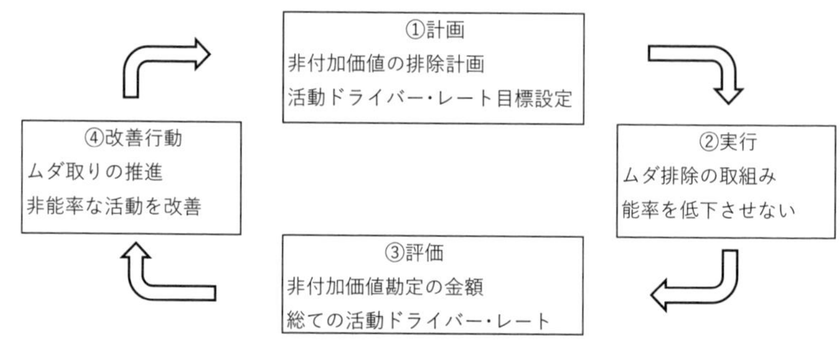

るのでどこが出発点で、どこが到達点であるとはいえない。このサイクルは螺旋階段を上るように価値創造と業務改善とを進めると、組織の有効性が高まるものである。

PDCA サイクルは計画と評価で数値情報を必要としている。これまでの活動原価計算は数値情報をアンケート調査またはベンチマーキング手法を用いて活動を評価していた[1)]。原価管理をするのに求められている情報は会計情報である。原価計算が会計手続きを踏むとしたならば、作業のイベントを仕訳入力として、さらに勘定科目に分類され、勘定ごとに集計されて、管理目的に適合する計算書に集計されるべきである。この指向は一般的にはデータマイニングと称せられている。そして、信頼性のあるデータ依拠の計算書を作成するには、検証可能性、中立性、表現の忠実性を要件としている。この信頼性のあるデータを基礎に、目的適合性のある原価情報を利用して原価管理がなされる。この目的適合性のある原価情報は適時に獲得できなければ、対処されないままの状態が続いてしまう。財務会計の決算期の 1 年では長すぎる。また、日時で原価情報を提供するのは無理である。従来、原価計算は 1 か月の期間で製品原価を集計したので、活動基準原価計算は 1 か月を原価計算サイクルとするのが適切である。データ依拠の活動原価を集計することが望まれているが、この測定はデータ量の多さから、資源と活動間の内部取引も暗黙の中にあり、実務では簡便な方法が採られているが、この測定問題は第 4 章の活動基準原価計算システムで論じられている。

第 2 節 顧客の利益性

ターニーは「活動基準管理と活動基準原価計算はお互いに依存している。活動基準原価計算は事業改善するための活動を管理するめために必要とされる情報を提供する。活動基準管理は改善を生み出すように設計された様々な分析にこの情報を使う。」[2)]と。製造業者は資源消費はどれも製品作りに必要と思っていても、その価値消費を顧客が承認できるかの観点が重要である。活動基準原価計算による原価情報は事実情報に基づいた、根拠のある原価管理を可能にする。顧客が資源消費を認めないものは無駄な資源としての非付加価値である。活動基準原価計算は経済資源の消費した活動の視点と活動プロセスの視点を明らかにする。ターニーは、この活動基準原価計算情報を原価管理に利用する基本的な規則につぎのものがあるとしている[3)]。

規則１　最大の戦略的利益をもたらす活動に資源を展開します。

規則２　お客様にとって重要な点を改善する。

規則１は顧客ターゲットとしている人々が求めている製品を顧客価値を最大にして提供することである。規則２は顧客の意見と顧客からの苦情は「宝」と言われる程の価値ある情報で優先的に改善する対象である。ターニーは顧客価値について、「顧客の取得したものと犠牲にしたものとの差である。取得したものとは顧客によって受け取られた物事である。これには、製品の機能、品質、およびサービス、および製品の使用、維持、廃棄にかかるコストが含まれる。」[4)]と述べている。顧客の主要な犠牲は金銭による支払いである。顧客が受け取る財・サービスはこれに付随する種々の顧客価値がある。他方、財・サービスを取得したことにより、大小の程度の違いがあるが、さらなる犠牲がある。重要なことは、顧客価値を増大にするために、製品・サービスを取得した顧客のライフサイクルで、顧客の価値増加と価値犠牲を最大にすることである。近年、特定家庭用機器再商品化法（家電リサイクル法）でゴミとして処分できない商品がある。企業では資産除去債務の配慮がある。ホーングレンらは「顧客ライフサイクル原価は製品・サービスを獲得し、使用し、維持し、破棄する顧客によって被られた全コストに焦点をおく。顧客ライフサイクル原価はある会社が自社の製品に負わせる価格に影響する。」[5)]としている。ある製品の購入の意思決定に、製品そのものは安価にして、利用期間や、除却するのに費用を要する商品が多々あるので、顧客ライフサイクル原価を考える消費者は賢明である。

保守サービスは顧客視点の顧客価値と企業視点の顧客利益に多大な影響を与えている。購入して利用していた機器の修理を購入先メーカーの修理に依頼すると、他社の新品の方が安い。通販会社の顧客に、頻繁に返品をする、また、代金の支払いを遅延する。こうした分析には、顧客の原価対象と対価と、その顧客の売上額から利益をもとめる顧客利益性(customer profitability)の会計情報が有効である。

図表 3-4 はカンタール社の顧客の利益性を測定した事例である。特に 198 番、199 番と 200 番の顧客の損失は顕著であった。これらの社との取引を解消するのも選択肢であった。しかし、この不採算の顧客が売上高のトップ 3 であった。問題点は頻繁に、大量にある受注業務とその処理にあった。そこで、管理者は企業間の電子商取引システムを導入した。特に顧客損失が多額な 200 番の顧客にたいして、ABC の原価情報により、少量の非在庫品は 60%の値上げ、大量な標準品は 10%の値上げを受け入れてもらい、顧客利益のある顧客となった[6)]。

図表 3-4 カンタール社の個々の顧客利益性

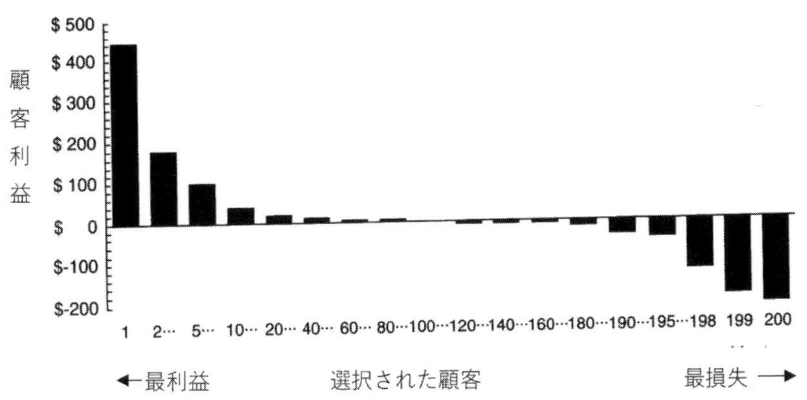

出所) R. S. Kaplan, R. Cooper, *Cost & Effect,* Harvard Business School Press, 1998, p.186.

顧客の利益性で、顧客利益か顧客損失に陥るかは、顧客への給付に対する原価の大きさによる。この事例は次の通りである[7)]。

給付に対する低原価	給付に対する高原価
大量の注文数量	少量の注文数量
少ない注文変更	多量の注文変更
少ない販売前と販売後のサポート	大量の販売前と販売後のサポート
正規のスケジュール	迅速なスケジュール
標準配送	特別な配送要件
少ない返品	頻繁な返品

事例：乳製品メーカ Kemps 社は小規模から大規模の様々な小売店を顧客にしていた。少量で注文を受けたり、頻繁に返品をする小売店があった。同社は少量の注文に対してより高い価格を設定した。返品を少なくするために割引きを提供した。結果、同社は大幅なコストを削減した。

大量の注文がトラック 1 台分段ボール 50 箱と、少量の注文数量として 1 箱では、顧客への売上金額のうちに占める配送コストは大量に配送した方が遙かに低くなる。注文の変更があると、注文変更受けから、配送に至るまでの諸活動が二度手間となるのに対して、給付を伴わないので、この顧客に対して非付加価値が発生したことになる。

カンタール社の**図表 3-4** の 200 番の顧客も、在庫品にない注文の時には、セールス・エンジニアが顧客先へ出向いていた。この専門職のコストもかなりの金額となっていた。カンタール社は活動基準原価計算を顧客利益性分析に適応した事例より、「活動基準原価計算は、ある顧客が給付に対してより高いかより安いかをもたらすその特性を管理者が識別すること可能にする。カンタール社は高安両極のものを隠れ損失と隠れ利益の顧客と呼んだ。この損失と利益が隠れたのは、マーケティングと販売と技術と管理のコストを個々の顧客に割当てる企画がなかったか、あるいは、割当が、実際のコストドライバーより売上金額を用いて、任意になされたかの理由である。」[8]との知見を得た。顧客を原価対象として顧客利益性を分析すると、**図表 3-4** で現れたように、左端に顧客利益の高い顧客が、そして右端に顧客損失の顧客が現れた。売上高で顧客管理をしていたり、自社の販売費および一般管理費の構成比率(通常売上高は 100%)で顧客管理をしていたりしても、隠れ損失のある顧客と、隠れ利益のある顧客を顕わに識別できない。顧客原価対象の原価と当該顧客の給付対価としての売上高を、個々の顧客に対して計算することで顧客利益性が明らかとなる。

顧客原価対象を求めるには、顧客に給付したサービス活動を措定し、活動のコストプールとコストドライバーを求める必要がある。原価管理を導入する前提として費用便益がある。費用便益に基づけば、少額な顧客へのメール、郵送や電話の費用は、確かに直接費であるが、活動測定はしないのが賢明である。製造業ではセールスエンジニアと技術指導、配送、保守などの活動のコストプールとコストドライバーを測定する。金融業では、バンキングシステムが顧客サービスの主要なコストである。顧客の 1 口座の維持費やメモリー使用料、データ送受信などで原価が認識される。

図表 3-5 は顧客利益性を分析したものである。縦軸は粗利益率であり、横軸は売上に占めるサービスコストの割合(%)である。次に①の領域と④の領域の計算例を示す。

① 粗利益率(60%) − サービスコスト率(30%) ＝ 利益率(30%)

④ 粗利益率(50%) − サービスコスト率(60%) ＝ 利益率(−10%)

顧客満足に企業があまりにも顧客サービスをすると、④の領域のように顧客損失が発生する。例えば、1 箱売価 1,200 円の A4 コピー用紙の注文を、隣駅の顧客から急ぎで受け、仕入 600 円の商品を、電車賃往復 200 円の交通費を使い売り上げたとし、さらに賃率 1,200

図表 3-5 顧客利益性の分析 [9]

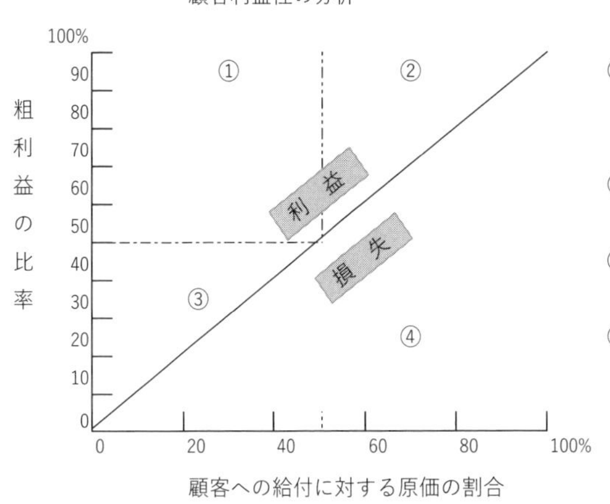

社員の人件費が加わり配送活動となる。賃率 1,200 円の社員が 30 分かけて配送すれば、配送コストは 800 円となる。そして粗利益率は 50%、サービスコスト率は 66.6%となる。この場合、損失が生じないように改善するには、社員による配送をやめるか、配送サービスに料金を課金するかかである。顧客利益性の分析では粗利益は売価と製品の原価対象で計算し、サービスコストは原価対象と顧客間のイベントにより生じる。

顧客へのサービスコストは活動基準での活動を措定することで、顧客を原価対象として直接費化が可能となる。顧客利益性はこれまでの慣行としての粗利益に、サービス活動を測定することである。このサービス活動を加味することで、顧客利益か顧客損失かの評価を可能にする。**図表 3-6** は顧客サービスの活動コストを示めしたものである。伝統的原価計算では販売費及び一般管理費の費目から、間接費として各顧客に配賦するので、隠れ顧客損失が可視化できない。例えば、売上高を基準に顧客サービスの合計金額を配賦すると、顧客サービスの顧客負担が平準化され、少なくサービスを受けた顧客は付加金額が多く、多くサービスを受けた顧客はより少なく付加されるからである。活動基準では顧客サービスの活動をコストプールとコストドライバーを測定して、顧客に跡づける。この事実基準(fact-based) の顧客利益性分析で隠れ損益が明らかとなる。**図表 3-6 顧客の要求に応じての活動コスト**は、顧客の要求により発生したサービス部門の活動であり、次の説明がある [10]。

(図表3-6は)、顧客の要求に応じたアクティビティに関連する経費を表示している。この活動に対する総支出は、直近6ヶ月間で約117,000ドルでした。工場管理者達は、38,000ドルが顧客サービス部門で消費されたことに驚きませんでした。それはあちらの部門の主要な機能の一つであった。

工場管理者達が驚いたことは、これらの活動の如何に多くが、また、他の6部門で人々によって働いていたかであった。明らかに、顧客がしなかったりできなかったりしたとき、顧客サービス部門から求められて、顧客は連絡を受け取り、他の部門の人に電話をした。管理者達はこの事を漠然と知っていたが、他部門の如何に多くの労働時間がこの活動に実際に費やしていたかを知らなかった。

図表3-6 顧客の要求に応じての活動コスト

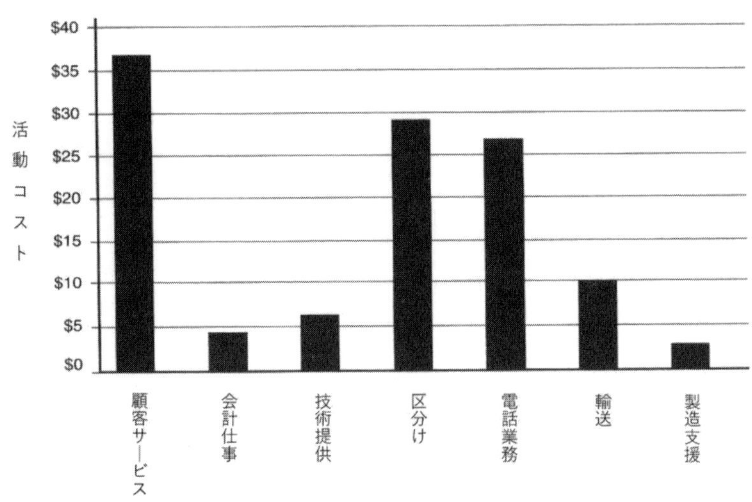

出所) R. S. Kaplan, R. Cooper, *Cost & Effect,* Harvard Business School Press, 1998, p.142.

製造部門の会計数値は製造原価報告書で把握されているが、製造部門以外の多くの部門でも、顧客サービスに従事している。これらの資源は損益計算書の販売費及び一般管理費の区分の中にある。よって、製造・原価対象の資源は製造原価報告書であり、顧客・原価対象の経済資源は損益計算書の販売費区分の中にある。そして、販売費に関係する活動とそのドライバーを見出すことが欠かせない。**図表3-7**は製品の売上契約により、製品を市内と隣接他県へ製品を配送し、売上を完了する販売充足活動の活動基準原価と間接費配賦との計算例である。

活動基準原価計算は価値消費を販売充足活動へ跡づけるので、近場と遠方の顧客への配送当たりのコストに差が出て、遠方の価値消費の比率が高くなる。伝統的配賦計算で売上高基準を用いると近場も遠方も同じ比率となる。活動基準原価計算では遠方Ｂ社の赤字が可視化された。資源の価値移転は顧客毎にまちまちで、価値消費額も異なる。この違いを一つの配賦基準で価値消費を割当てることに誤謬がある。顧客サービスの顧客原価対象への価値の跡づけは、活動センターの活動の設計と測定をする課題がある。

図表3-7 活動基準による顧客利益性分析と配賦率による利益分析

ABCによる顧客利益性分析

	A社(市内)		B社(他県)	
顧客売上高	5,000,000	100%	800,000	100%
製品原価対象	1,500,000	30%	400,000	50%
粗利益	3,500,000	70%	400,000	50%
販売充足活動	1,500,000	30%	560,000	70%
顧客損益	2,000,000	40%	-160,000	-20%

間接費配賦率による利益分析

	A社(市内)		B社(他県)	
顧客売上高	5,000,000	100%	800,000	100%
製品原価対象	1,500,000	30%	400,000	50%
粗利益	3,500,000	70%	400,000	50%
販売充足活動	2,000,000	40%	320,000	40%
顧客損益	1,500,000	30%	80,000	10%

総売上高	12,000,000	配賦率	0.4
総販売充足活動	4,800,000		

顧客サービスの活動が測定されたならば、顧客利益性分析で顧客利益の顧客と顧客損失の顧客が明らかとなる。顧客損失のあった顧客は積極的に利益改善をする必要性を管理者に知らせる。**図表3-7**のＢ社に対して、管理者は取引を中止するか、販売量を倍増するか、配送をしないで工場まで引き取りに来てもらうか等の選択肢で交渉する。

製造の原価対象と顧客の原価対象間にあるサービス業務を結合して、顧客に対価を求めなくてはならないが、顧客毎にこのサービスコストを含んで純営業利益の高い顧客から累積してグラフにしたものが**図表3-8 顧客営業利益のパレート図**である。この図表は、形状からクジラ曲線とも称せられている。この図表の右側の構成比率20%の顧客から、顕著な顧客損失を生じている。顧客損失の顧客を顧客利益の顧客に転向できれば、現状の利益がかなり向上する。この図表のｂでは、現状の100%の位置から、原価削減と価格交渉による値上げで150%程度に収益改善が見込めることを示している。

図表 3-8 顧客営業利益のパレート図

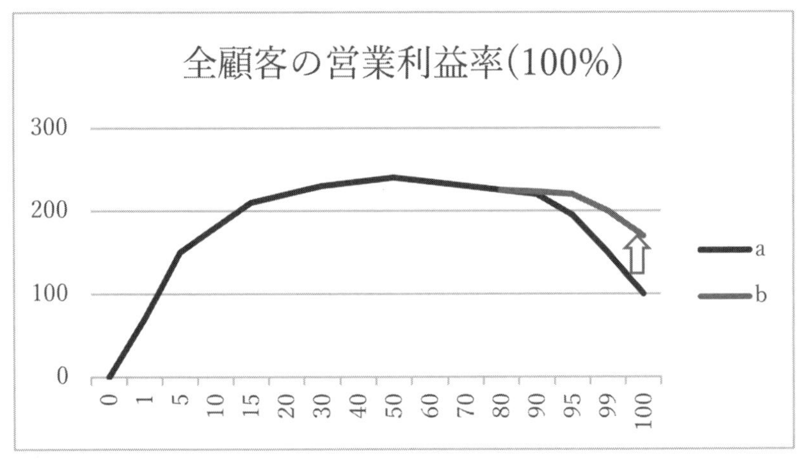

出所) R. S. Kaplan, R. Cooper, *Cost & Effect,* Harvard Business School Press, 1998, p.186.参照。
b は改善対象として、筆者が付記した。

活動基準原価計算を適用して、利益改善まで導いた事例として、乳製品メーカーであるケンプス社がある。この会社は「顧客である小型のコンビニエンスストアが過剰発注をし、賞味期限切れになると、これを返品していた」[11]、ケンプス社は売価を上げて、「小売業者に、もし返品オプションを行使しないで自身で在庫管理するならば価格を 2 割割り引くという提案をした。このようにして、ケンプス社は賞味期限切れによる返品の 95%を削減」[12]し、顧客利益性を確保した。

銀行業の活動基準原価計算から、たとえバンキングシステムを利用していても、1 口座の維持管理コストがかかり、少額を預金している口座は顧客損失が発生していることが明白となり、少額の預金顧客からは口座保管料を徴収する銀行がある。また、一定額以上の預金顧客には ATM 預金引出し手数料を無料にしたり、振込手数料を無料にしたりして、預金額を増やし、銀行はその口座預金を融資への資金と振り向けることができる。

企業は、製造後のサービス業務は顧客価値を生むものとして重要である。そして、原価測定をして、このサービスに見合い、顧客の顧客利益もある取引をすることが希求されている。

第３節　活動原価の逓減

原価計算は給付に対応する原価を計算することを本来的としている。原価計算基準でも未稼働の設備は非原価項目として、原価に算入しないことが知られている。設備や機械を生産に使用しようとして購入したもの、製品の需要がなくなったり、他の優れた製法により機械が使う必要がなくなってしまったりすると、製造目的に役立たない非本来的なものに陥った事になる。製造しなくなった設備や機械で、もはや価値を産み出さないで、ただ価値消費をしている原価と識別され、非付加価値の設備・機械となる。

活動を付加価値から考察したものが価値分析(value analysis)で、ターニーは「プロセスを改善することと原価を減ずる意思でもって事業過程の刺激的研究。価値分析の目標は、正しい方法で、正しい活動を演ずる事を保証すること」[13]と定義している。プロセス自体も原価管理の対象であるが、プロセスは活動から構成されている。この活動を評価するためには、活動の価値分析をする。ターニーは価値分析には次の視点があるとしている[14]。

1.諸活動

価値分析はフロセスの活動に焦点を置く：活動は、どの資源を消費して、コストドライバーは何か、そして、いかにこれらが共働しているか。ほとんどのこの情報はABC システムで見出されている。

2.活動分析

価値分析は活動分析を通じて得られた諸活動についての知識を利用する。この作業はなぜ・いかに良くなされたかを記述する情報である。付加価値あるいは非付加価値としての活動の指定、重要であったかどうか、そして、ベンチマークの業績評価をいかに良く積み重ねているかを含んでいる。

3.コストドライバー

コストドライバー(作業を引き起こす要因)は作業に対する価値分析を進めるのに重要である。否定的コストドライバーの影響を減ずることは非本質的活動を削除すること、そして、本質的活動からの無駄を除去するのに重要です。

活動分析の第１の要点について、活動基準原価計算の活動はコストプールの原価金額とコストドライバーという作業単位の分量が実際に測定されていないと、開始できない。この情報はABCシステムで見出されている。本書では、ABCシステムを次章活動基準原価計算システムで扱う。

活動分析の第2の要点について、付加価値を増加しているはずの活動に非付加価値を識別する。この分析方法には、前章でブリムソンが試みた、実際利用に基づく原価と理論的利用に基づく原価を、活動ごとに分析する方法がある。他の方法は資源の移転時に非付加価値を識別して、非付加価値金額を非付加価値勘定に振替える方法で、活動原価計算の勘定組織を用いる。

活動分析の第3の要点は、活動をコストドライバー・レートで評価する。活動のコストドライバー・レートの数値が前月に比して下がれば、原価低減が進んだと評価できる。他に評価基準があればその基準と容易に比較できる。比較するときに、非付加価値が含まれていなければ、比較可能性のある、会計数値としてのコストドライバー・レートとなる。これら3つの要点は活動基準原価計算システムへの設計要件である。

活動分析の視点から活動は**図表3-9 活動の給付態様**で示しているように、Aの非付加価値活動、Bの付加価値活動をしたが結果として非付加価値活動、Cの付加価値活動の3分類され、Aが最も強く統制を必要とされ、C内にも原価管理の程度に違いがある。

図表3-9 活動の給付態様

A
非付加価値
B
C
付加価値活動

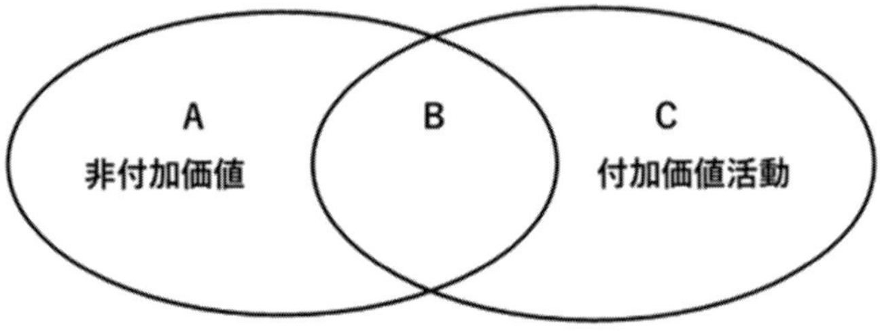

A 非付加価値活動：製造に提供されていない機械・設備等は非付加価値の典型であり、減価償却費が製造原価を増加させるだけで、価値を全く生まないものである。即刻、売却することが望まれている。これに分類される機械で、ほとんど使用しないが、年に何度か使用する機械がある。この機械も売却して、この機械を利用する作業はアウトソーシングするのが賢明である。固定費されている機械も、長期的には変動費である。

B 付加価値活動であったが結果として非付加価値活動：作業員の意に反して、付加価値活動をしている作業中に機械が故障して動かなくなる。機械は正常であるが、停電が発生して、物が移動できない。付加価値を生まないどころか、負の価値を産み出すこととして、機械の不良により、または不慣れな作業で、欠陥品を作ってしまう。材料の歩留まりを悪くしてしまうことなどがある。

このBの領域は製造プロセスを支援する活動を措定する必要がある。機械・設備の保守点検活動で、機械の故障を回避、消耗部品の定期的交換で不良品を作らないようにする。品質改善活動を通じて、技能の維持向上をはかる。

C付加価値活動：ほとんどの生産活動は付加価値である。付加価値活動にも**図表3-10 活動の付加価値の効果**で示されているように、統制の強度に違いがある。付加価値活動であっても、評価基準よりコストドライバー・レートが低ければ能率が悪いので、改善活動をする。改善活動にも資源を用いるので、改善活動は評価の最も悪い活動を優先して行う。

図表3-10 活動の付加価値の効果

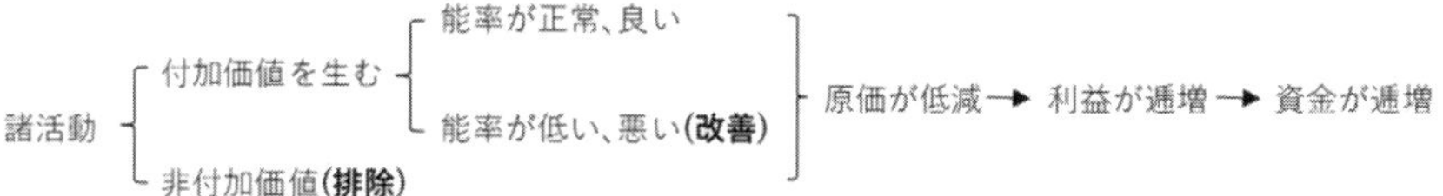

図表3-10で示しているように非付加価値は組織から排除することが望まれている。付加価値活動は測定によりコストドライバー・レートで評価をして、最も能率の悪い活動を発見して悪い活動から改善に取りかかる。改善活動は原価低減をする効果がある。そして、財務的損益の費用を低減するので利益を増加する。そして、利益が実現すると、資金を増加する効果がある。

ターニーは改善のステップとして、次のように示している[15]。

改善をするためのステップ

ステップ1　活動を分析する

ステップ2　活動を掘り下げる

ステップ3　重要事項を測定する

このステップは分析の前提と言っても良い。活動基準原価計算を組織に適用しようとすれば、活動単位が措定されていなければ、活動を分析できない。原価対象の下位にはプロセスがあり、プロセスの下位には活動があり、活動はマイクロ活動と経済資源の消費から成り立っている。こうした活動基準原価計算の構造と実際の作業を測定していないと、活動分析は難しいのである。

続けて、ターニーは活動を分析する方法について、次のように示しめしている[16)]。

活動分析の方法

ステップ1　重要でない活動を識別する

ステップ2　重要な活動を分析する

ステップ3　最良であった実践と比較する

ステップ4　活動間の結合を調べる

重要でないか、重要であるかの識別は、活動原価の金額の大きな活動から降順に並べて、パレート分析をする。この分析図の活動原価の大きいものから20%以内が重要なかつどうである。この中でコストドライバー・レートが基準より率が大きい活動が能率の悪いものである。これは科学的であるが、形式的で、過去には、改善の取組み、リエンジニアリング、原価企画などでの成功体験があったはずであり、成功体験こそ過去の最良の実践である。活動基準原価計算はプロセス原価計算とも言われている。原価対象は水平的プロセスから構成されているが、活動は階層性があり、下位との結合また、組織の外部との結合も原価形成に影響している。

図表 3-11 資材運搬活動の非付加価値

活　動	資材の貯蔵	資材の荷渡	資材の移動	やり直し	検　収	合　計
換算人数	3.9	2.1	2.1	1.9	1.8	
内部ドライバー	在庫レイアウト	廃材	資材の流れ	組立違い	設計の解釈	
	在庫する手続き	在庫違い	搬送設備	大きなバッチ	訓練	
	資材の流れ	発注違い		損傷	品質問題	
		MRPリードタイム		方法/手続き		
外部ドライバー		技術変更通知		技術変更通知		
		スケジュール変更		供給社の品質		
		納入/搬出&品質				
	部品番号の量		労働者職階	設計の品質	設計	
					法規制	

出所) P. B. B. Turney, *Common Cents,* McGraw-Hill, 2005, p160.

能率の悪さは付加価値活動と非付加価値活動の混在である。**図表 3-11** は資材運搬活動の非付加価値混在の例示である。活動の項目について、それぞれ次に説明を加える。

資材の貯蔵について、資材置き場のレイアウトは能率に多いに関係している。整理棚の有る無しの状態では整理棚のある方がはるかに効率的である。整理棚が図書館の棚のように分類されているかいないかではどうか。分類されていると入庫時には手間取るけれど、取り出しは素早くできて、必要品を探す無駄時間がなくなる。今日、大量の棚卸品を扱う会社では入出庫の自動化が進んでいる。

資材貯蔵の部品番号の量が少ないか多いいか。部品の入出庫の取り扱いで言われることは、物の量が 2 倍になると取り扱う時間は 4 倍かかる。外部との取引先が増え、それにもまして部品数が外部の取引で増えた。この場合、部品の種類ごとに区画を設けて扱うと、見つける時間を短縮できる。流通している物品のほとんどにバーコードが付されている。このバーコードを利用して情報化をすれば、改善がはかれる。部品テーブルに入庫時にバーコードを読み、個数を入力、保管場所の棚のバーコードを読み保管場所を入力しておけば、出庫時に、部品を検索すればどの棚に保管してあるかわかり、探す無駄時間をなくすることができる。

資材の荷渡しについて、在庫品を組立現場との品違いとすれば、間違った部品を倉庫に戻し、正しい部品を現場に運ぶ 2 度手間が非付加価値となる。この品違いが納品業者との間にあれば、さらに非付加価値の金額が増える。受注品を製造していて、途中で先方から仕様の変更があった。これまでの作業が無駄となる。

資材の移動について、倉庫と加工作業場、加工作業場から組立作業場の資材の移動があるとして、資材が必要な時に手元になく、手待ち状態が非付加価値である。資材の移動の能率向上は選択肢が沢山ある。資材を 1 点ずつ人手で運ぶのでなくて複数運ぶ、移動距離を短くする、自走式運搬車を利用して、労務費を削減する。製品リードタイムを早くするための要素に資材の移動が 1 役を担っている。

やり直しについて、やり直しの程度にもよるが、これまでの結合してきた用益の材料費、賃金、経費が非付加価値となる。プル生産の情報に疑いがあるならば、生産を中断したままでいる方が賢明である。

検査について、無資格者が検査した。この社の製品の信頼性が損なわれ、製品の売れ行き不振となってしまった。この事例は非付加価値にとどまらないで、会社の有効性まで影響し、株主代表訴訟まで発展する恐れまである。資材の運搬に関しても、非付加価値が内在しており、非付加価値の排除と能率の向上は広範な作業に及び、継続して取り組むものである。

ターニーは継続的にコストを削減するための作業の見直しについて、次の要点があるとしている[17)]。

・活動をするのに要求されている時間と労力を削減する

・不必要な活動を排除する

・作業をするのに最も低コストの活動を選択する

・改善の努力によって利用された資源をさらに配置しなおす

この要点の 1 番目は能率の視点で、従業員にあるので能率改善は作業時間の短縮、労働力の軽減が進む。2 番目は非付加価値活動であり、**図表 3-11 資材運搬活動の非付加価値**に具体例が多く記載されている。3 番目は改善方法の意思決定方法である。4 番目は改善したなら、また改善すし、改善は継続することを意味している。重要な第 3 の意思決定をするには次の意思決定過程を踏むことである。

① 問題状況を理解すること

② 問題の解決のために、目標を設定すること

③ 目標を達成するために、代替案を探求し分析すること

④ 代替案を選択すること

⑤ 組織に受け入れられること

図表 3-11 の中の資材の貯蔵で、利用しない資材が沢山あり、頻繁に使用する資材がなかったりする問題がある。①資材は棚卸資産で管理されている。この問題は在庫管理で扱われている。在庫品は最小の資金で、絶えず在庫切れを無くすようにするという課題がある。②目標として、期末までに、在庫切れをなくし、棚卸資産の金額を 1 割削減すると設定する。古典的方法は、ある資材を積み立てて貯蔵し、発注点の資材に発注カードを差し込んで置き、発注点まで資材を消費したならば、発注し、在庫切れをなくす。③代替案として、カンバンと呼ばれている発注カードを使用する。入出庫の在庫管理システムを導入する。JIT(Just In Time)方式で納入業者に定時定量を、工場の納品口に届けてもらう。選択肢の分析について、発注カードの利用は一手間カードを差し込むだけである。在庫管理システムは製造業では所要量計算があり、これを理解していない。JIT 方式は納入業者に交渉できないが、消耗品については翌日に納品する業者がある。④発注カード方式を採用すると決める。⑤発注カード導入には反対はない。長期的に在庫管理システム構築の人材を育てる事

とする。
かくして、活動基準原価計算から情報を入手して、前項の 1)顧客利益を増やし、2)活動原価の低減を管理することにより、組織の付加価値を逓増することができる。

第 4 節　活動基準予算

予算の機能は計画、調整、統制である。形骸化している、これまでの予算は現状の基準から出発する、そして金額から出発し金額で完結とする。また、予算執行状態においても弾力性がないなどの批判点はあるが、組織の統制には欠かせないものである。従来の予算は固定予算(static budget)を用いるのに対して、活動基準予算(Activity-based Budgeting: ABB)は変動予算(flexible budget)を用いる。活動基準予算は伝統的な総合予算または個別予算の予算表の形式を採らないで、活動原価計算の構造である。活動基準予算の計画設定はコストドライバー・レートを用いる。この簡易的予算の設定はベンチマーキングにより基準となるレートを定めておくものである。作業の産出を多くすれば、レートが下がり原価低減したと見なしてしまう。実際の活動コストプールを測定していないので、産出の増加が逓増原価を伴っているならば管理者に誤った情報を与えることになる。

図表 3-10 活動の変動予算による評価

Jan-04

1 ヶ月目　　勘定科目テーブル

1月集計

科目CD	科目名	借方	貸方	原価	Drvr	単価	評	単位変動費	固定費	変動予算
30010	検計費	254,219	254,219	254,219	1	254,219	△	0	250000	250000
30030	ｼｽﾃﾑ費	658,518	658,518	658,518	72	9,146		2250	500000	662000
30040	入力費	199,034	199,034	199,034	2,500	79	×	60	30000	180000
30999	非付加価値	20,000	20,000	20,000						0
61010	ﾁｪｯｸ活動	891,139	891,139	891,139	2,000	445		400	100000	900000
62010	発送活動	80,227	80,227	80,227	2,000	40		12	60000	84000
63010	請求活動	130,164	130,164	130,164	79	1,647		2000	20000	178000
64010	照合活動	396,430	396,430	396,430	933	424.	△	400	20000	393200
69999	非付加価値	10,000	10,000	10,000						

出所）拙稿「活動基準原価計算システムの構造」、『原価計算研究』Vol.31/No.2、2007、11 頁。

活動基準予算は実際の活動コストプールとコストドライバーを測定して、実際のコストが実際のドライバー数から導き出された変動予算より高いか、低いかで評価される。**図表 3-**

10は活動を変動予算により評価したものである。変動予算は予備的に過去の当該活動原価を最小二乗法で固定費と変動費に原価分解しておく。**図表3-10**のシステム費の実際は72G単位のドライバーで、658,518円の測定原価であった。変動予算は次の通りである。

システム費の変動予算　　2,250 × 72 ＋ 500,000 ＝ 662,000

予算差違(予算－実際)　　2,000 － 658,518 ＝ 3,482 (適正)

また、**図表3-10**の入力費の実際は2,500件の入力作業に対して199,034円の費用が発生した。変動予算は次の通りである。

入力費の変動予算　　2,500 × 60 ＋ 30,000 ＝ 180,000

予算差違(予算－実際)　　180,000 － 199,034 ＝ －19,034 (不利)

データ入力の作業は不利差異であった。当該月の現場でないとわからないが、何らかの非能率な原因があった。活動原価の評価はドライバー数のみの測定では片手落ちである。

活動コストの予算と実際との評価では、総ての活動を変動予算で評価して、最も非効率であった活動を最優先としてカイゼン活動をする。変動予算より実際の活動コストが何%高かったかで活動を評価した例に、次の尺度がある[18)]。

1.(＜5%)　高い効率、改善には明白な機会はわずか
2. (5-15%)　適度な効率、改善にはいくつかの機会あり
3. (15-25%)　平均的効率、改善には良好な機会
4. (25-50%)　非効率、改善には大いなる機会あり
5. (50-100%)　非常に非効率(多分、全く製造すべきでない)、要改善

評価しての改善行動は非効率の高い活動から優先順位があるが、あまりにも非効率な活動は、自社では製造しないという選択枝もある。この尺度は非付加価値が活動に混在している活動を評価する尺度である。**図表3-10**のABCシステムでは価値の移転の跡づけに際して、非付加価値を区分している。よって、活動コストドライバー・レートには、排除すべき非付加価値が混入していないので、評価は改善の対象である。ABCシステムでは月次決算に際して、コマンドボタンを押すだけで、変動予算を計算して、実際の活動原価と変動予算の原価とを比較して、定めた尺度で活動を評価する。このABCシステムでは無印、△、×で程度を表示している。

活動の改善を進めるとき、問題になるのは不能率となった原因である。活動も作業のプロセスから構成されている。この作業活動はマイクロ活動(micro activity)と称されている。ABCシステムはデータ依拠の集計が望まれている。そうしたABCシステムでは活動を構

成するその下位階層にあるマイクロ活動を、いかに扱うかが大きな課題である。活動基準予算の特徴は最も効率の悪かった活動は何処かを指摘してくれることにある。また、活動の非能率の原因もどこの作業にあったかが判明することにある。

形骸化されている予算にたいして、活動基準予算は、情報の目的適合性である予測価値とフィードバック価値を有して、原価対象、活動、マイクロ活動を計画・統制するマネジメントツールに生まれ変わり、**図表 3-11** に示す PDCA を無限ループとして、有効な組織へと導く用具である。

図表 3-11 脱予算としての ABB

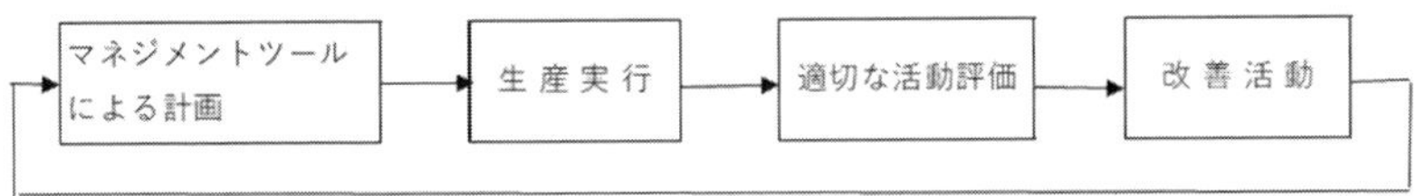

第 5 節　プロセス変革による原価管理

1)プロセス変革

付加価値をつけるために、経済資源を効率よく消費するための原価管理は PDCA のような管理サイクルを用いていた。既存のモノづくりのプロセスを変革する方法は、プロジェクトで行う。プロジェクト変換が上手く進むならば、原価低減は顕著な成果をみてとれる。生産過程で変革が進展すれば、**図表 3-12** で示されているように、スリムにして、高い生産性を上げる優良な生産組織へと導かれるであろう。

図表 3-12 プロセス変革の生産対象

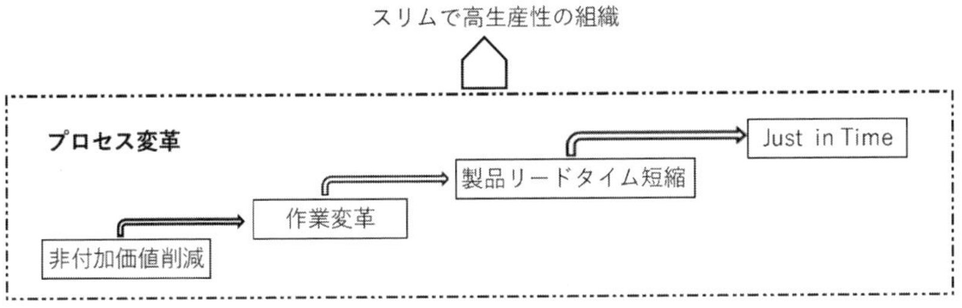

1)非付加価値削減

前項では経済資源の消費の観点から考察したが、実際の製造においては、仕損じや未使用資源から、非付加価値が多々発生している。製造プロセスの最後の段階に検査活動がある。この検査活動で不合格となり、欠陥を見つけられた不良製品は補修活動が加えられる。この補修活動費は、品質管理コストの内部的欠陥に分類されているコストで、全額が非付加価値への直接費で、次のように仕訳される。

(借) 非付加価値 xxx (貸) 補修活動費 xxx

この補修活動の詳細な補修行動を記録した、**図表 3-13** 補修管理表がある。費用の金額まで表示することで、取るべき改善活動の優先順位を明示する。

図表 3-13 補修管理表

	製品番号	部位CD	ライン	補修CD	補修名	補修日	補修時間	担当CD	担当者	費用
1	04251-0025	P15	d02	62	汚れ除去	xx/10/08	0:16:00	108	橘	1,333
2	04251-0194	K32	a45	21	ショート	xx/10/15	1:05:00	108	橘	5,417
3	04251-0362	U43	c06	48	浮き	xx/10/21	0:26:00	108	橘	2,167
4	34526-0067	B51	a32	15	異品取替	xx/10/26		425	大橋	
5										

作業員にとっては管理不能費である非付加価値に機械の故障や停電による機械の停止がある。慣行的原価計算では未稼働状態の機械設備の減価償却費は製品原価に集計されていて、このコスト高が製造現場で働く人々に責任があるように思われていた。製造担当者の意図にかかわらずに機械が停止し、製造が中断しての経済資源の消費は、明らかに無駄である。ある組立活動で、稼働日は月 28 日で、この月のある 1 日に機械が故障して、組立ラインが停止したとき、未使用能力原価は如何に計算するのか。もし、ある工場で ABB を適用していて、そこには組立活動原価として固定費と単位変動費*がある。その固定費が ¥1,400,000 であるとするならば、¥50,000(1,400,000÷28)が 1 日分の未使用能力原価で、非付加価値勘定に、月次決算時に、次のように振り替える。(*単位変動費はものを作らなければ増えない)

(借) 非付加価値 50,000 (貸) 組立活動 50,000

キャプランとクーパーは、プロセスの状況について、「最近まで、支援活動とプロセス(又は機能相互活動)と事業プロセスを改善しようと試みてこなかった。支援活動とプロセスとに消費することが、最前線の業務に少しばかり関係していたり、また、業務と事業プロセスが理解しやすかったりしていたときには、その優先は疑いもなく正しかった。しかしながら、今日の組織では、組織費用の増加の割合が、間接費と支援活動に関係している。そして、同様の活動と事業プロセスが多くの異なった部門と機能とで用いられている活動によって影響されている。」[19]と。早く作業をすることは能率が高いといえるかもしれないが、不良品を作れば、それを合格品にまでにする補修の費用がかかってしまう。万が一不良品が市場にでてしまっては、品質管理コストとして、外部的欠陥としての費用が多額にかかる。品質に伴う内部的欠陥費用と外部的欠陥の費用は明らかに無駄である。この無駄の予防に QC 活動原価があり、製造プロセスに組み込まれている。QC 活動は第一義的には不良品の排除であるが、能率を高めたり、品質を高めたりする効果を有している。この源は現場で働いている人たちの創意工夫である。

非付加価値に示された、機械の故障による未使用能力原価は付加価値に貢献しないどころか、ある機械の故障が原因で、工場が操業全面停止に及ぶこともある。機械故障を無くそうとするのが保守活動で、製造の主プロセスを支援する活動として組織されている。保守活動自体は付加価値であり、機械の点検時間で、主プロセスへこの原価を割当てる。保守活動をすることにより、製造を停止することなく継続できるのである。従来、保守点検者は機械を目視して、時には叩いた音を聞いて、点検していたが、今日では、各種のセンサーがあり、センサーからの機械利用データを集めて、より的確に機械部品の取り替えが行われている。

第6節　業務プロセスの変革

a.継続的改善とリエンジニアリング

業務の原価管理は不良品作成を回避し製品構成の質を高めることで価値増加を図り、資源消費を少なくして、付加価値の生産性を高めることにある。付加価値を高める取組みに、現場より生成したものにカイゼン活動がある。日本で発展したカイゼン活動は、世界で認知されて、Kaizen と表記され、継続的改善(continuous improvement)との意味で説明されている。継続的改善は日々繰り返しての業務処理の能率を高める工夫と解釈できる。米国では日本のカイゼンに対して、唱えられるようになったのがリエンジニアリングである。

カイゼンもリエンジニアリングも業務プロセスを変革するという意味は同じである。違いは、カイゼンは現場で働く人間のチームワークが主導し、リエンジニアリングは技術者参加の業務改善であり、両者には改善方法に違いがある。

キャプランとクーパーはカイゼンの重要な特質を次のように指摘している[20]。

・焦点はプロセスの原価削減を告げて動機付けることにあり、より正確な生産コストを明らかにすることではない。

・原価削減はチームであり、個人でも、その責任でもない。

・しばしば、バッチ処理からバッチ処理への、生産の実際コストが、第一線で働いている人により、計算され、分担され、分析されている。多くの事例で、会計職員でないチーム自体が、コスト情報を収集し準備している。

・チームによって利用されるコスト情報はそのチームの生産環境へ合わされているので、学習と改善の努力は最高に原価削減する領域に焦点がおかれている。

・「標準原価」は、過去の実際コストの削減と将来コストの目標改善の両方を反映するように継続的に調整される。このことは、プロセス改善における実証された革新が持続し、さらなる改善のための新たなレベルを設定して行く。

・作業チームは、コスト削減目標を達成するためにアイデアを産み出す責任がある。このアイデアがコスト削減の見返りを、実演され得るならば、チームは小規模の投資をする権限を持つ。最も重要な(そして、おそらく今では明らか)、カイゼン原価計算(kaizen costing)の下での目標は、所定の作業基準に対する生産プロセスの安定性ではない。この目標は重大なプロセスを絶えず改善することにある。それで、成熟して、価格に高感度で、そして製品革新に従わない生産ラインで、コストが継続的に削減することができる。

カイゼン活動にはチームのネット組織がある。チームのネットワーク組織の特色は、まず、場があり、そこにチームリーダーがいて、チームには共通意識があり、構成員相互でコミュニケーションを通じて一体化して、組織力を発揮する。スター型というチーム関係では意思疎通が密にでき、共通意識が形成しやすい。カイゼン活動のチームの共通意識には、創意工夫、作業で相互に助け合うとか多様である。カイゼン原価活動の共通意識では、無駄の排除と品質向上を原価削減と価値創造の共通認識として、共働するものである。

不良品は価値消費の塊であり、不良品が出ると、不良品の出る原因をチームの構成員で場を設けて、探索し、原因排除の行動をする。日々の原価逓減活動には、非財務データを用いる。活動基準原価計算では活動を評価するのに、活動ドライバー・レートを用いていた。これは、活動の原価金額をドライバー数で割るので、活動の原価金額が一定であると仮定すると、ドライバー数が多ければ効率が良かったことになる。月産製品が何台生産したか、日産では何台生産したか、1時間に何台生産したか、細かく測定すると、不能率であった箇所の原因が特定できる。能率向上の改善は部品1つの取り付けに1秒短縮できたと言った、些細な事にまで及ぶ。カイゼン活動をしている作業場には非財務データが、ボードに掲示されて、改善成果がチームで確認できている。

また、製造機械の取り替え時期には、カイゼン原価活動はカイゼン原価の一環として現行の機械利用の製造費用を計算する。そして、導入予定の新機械を利用する時の製造費用も見積もる。カイゼン活動は、現場主義といわれ、ボトムアップ型意思決定を伴っている。日々継続しておこなって共働しているチームは作業に対して品質向上の取組みをする。品質取組みのあった製品は、顧客に信頼される製品となる。

カイゼン活動は日々の繰り返している作業を変革するのに対して、リエンジニアリングは見た目が変わるので、不連続な改善(discontinuous improvement)とされている。ホーングレンらは、「リエンジニアリングは、コスト、品質、サービス、スピード、顧客満足度などの重要な業績測定をする際に、改善を達成するために、ビジネスのプロセスを根本的に考え直して再設計することです。」[21]と言っている。継続的カイゼンは作業員チームによるもので、「チリも積もれば山となる」と言った成果が期待されるのに対して、リエンジニアリングは産業技術者との連携によりもたらされ、製造組織の相対的に非効率性で質の低い生産状態を、飛躍的な成果の向上が期待できる。リエンジニアリングの導入は頻繁に行われないので、不連続な改善と称されている。ただし、ホーングレンらはリエンジニアリングが成功する与件として、「成功するためには、プロセス全体に焦点を当て、役割と責任を変更し、不要な活動やタスクを排除し、情報技術を使用し、従業員のスキルを開発する必要がある。」[22]として、飛躍的変化への適応には、組織的な努力を伴うものである。組織的の要素は新しい技術力のある人的資源と、情報革命の延長線上のIT(情報技術)である。また、リエンジニアリングの導入をアウトソーシングするとなれば、継続的改善のように、安価で導入できるものではない。

リエンジニアリングの変革は飛躍的な改善をもたらす。材料の加工は数値制御による機械で加工してしまうが、予定数量を加工してしまうと、その機械は未稼働となる。そこで規格違いのものを加工できるとなると、24時間連続して加工し続け機械装置となる。

プル生産では、注文を受けてから、材料、部品等をサプライ業者に発注する。何台もの受注を受けると、製品の生産に必要とされる部品・組部品とその数量を割り出すのに、MRP(material requirement planning)のコンピュータシステムを利用する。その後、仕入先、リードタイム、納品場所、納品時間のカテゴリーに区分集計する。結果的に、組立場所で要求されたならば、部品等が現存していなければならない。これには製品の所要量をツリー構造へ、間違いなく設定する人的資源が不可欠である。

製品の製造で、別な製品を作るとき、機械装置の設定を変更、調整、試作等の段取り活動が必要とされている。ある家具の製造業では、木材の一定幅の切断を2枚の刃で、同時に切り落としていたが、まずは1辺を切断、次のラインで、他方の辺を切断、この幅はNC装置で移動する。このリエンジニアリングで、段取り活動を無くしてしまった。

不連続な改善は、業務活動と産業技術との結合、さらには人的資源との結合として、人材教育を必要とされる。そして、高品質の維持と原価逓減をもたらす。製造活動はリエンジニアリングという不連続の改善への転換が行われた後に、その業務は継続的改善がなされて行く。

b.戦略的原価管理

図表3-14 業務改善と戦略的意思決定にABMを用いる

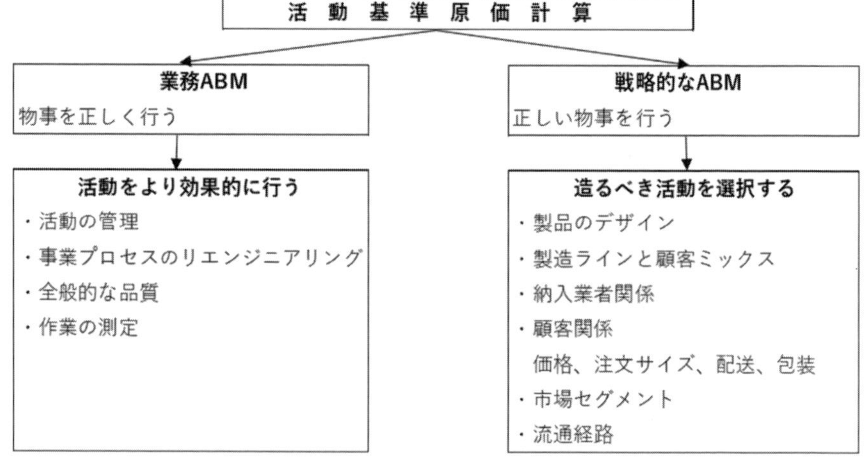

出所) R. S. Kaplan, R. Cooper, *Cost & Effect,* Harvard Business School Press, 1998, p.4.

活動基準原価計算自体は原価管理活動ではない。しかしながら、原価管理を適切に行うのに必要不可欠な原価情報を提供する。活動基準原価計算の情報があれば、どの活動を優先的に改善すべきかがわかる。そして、カイゼン活動後の成果も定量として評価できる。活動基準原価計算情報の目的は、**図表 3-14** に示している戦略的 ABM と業務 ABM である。

戦略的な ABM は外部給付の在り方で、不文律としてはモラルを守ること、組織の内部統制の制度として、内部統制で要請されている法令遵守に即して販売活動を行うこと。原価理論からの要請は顧客に財貨・サービスの価値最大化を提供すること。図表 3-14 の項目について、他社の財・サービスに対して差別化を図ることが、多様な顧客のなかのターゲット顧客へ、経済的価値増加を提供することになる。この方法は如何にしたら良いのかのアイデアは暗黙知の領野にあり、これを言葉で表現することである。経営実践の領域にも優れた方法があり、この方法を学ぶことである。

・製品のデザイン

キャプランとノートンは「戦略的 ABM は、恐らく原価削減の最大の機会が存在するところの製品設計と製品開発に関する意思決定も含みます。多くのオブザーバーは、現在、製造コストの 80%以上が製品設計と製品開発の段階で決定されると信じている」p.5.製品のデザインは原価企画が支援する。マーケティング担当者は顧客価値を高める製品デザインと目標原価を進言する。M&A 担当者は最新技術の導入を進言する。チームリーダーは製品そのもののデザインはアウトソーシングする。設備の設計者は活動基準原価計算からの製品のプルセス原価の情報から、製造設備を設計する。この段階で、この製品の付加価値が決まってしまう。製造に移された後のカイゼン効果は原価企画よりはるかに小さい。

・製造ラインと顧客ミックス

戦略的に利益性を高める視点に、製造ラインのミックスと顧客のミックスがある。ある顧客調査では、顧客を高所得者中年男性層、高所得男女層、若者層、主婦層、低所得者層と分類した。高齢社会では若者層にかえて老人層にするのが良いかもしれない。製品ミックスの合理的行動は、利益性のある製品に優先順位をつけるが、利益性の高い製品の売上数量だけでは、採算性のある操業度を維持できないので、順次利益性が低くなっても製造量のある製品をつくる。自社製品の購入を決めるのは顧客であり、顧客区分の購買量情報により、顧客ミックスを図る。管理者は顧客の購買変化に対応して、顧客ターゲットを代える、新しい顧客区分を創造する。ターニーの原価対象の PPM の「販売量高い、利益率低い」と言った製品を作るプロセスでは、より低コストになるプロセスへ移行することが製造ラインミックスである。ミックス思考は環境変化対応戦術である。日本のある製造会社では、顧客重視のあまり、製品数を多様化し過ぎて、製品数の削減に迫られている。顧客満足一途な経営から、原価評価による正しい意思決定が必要である。

・納入業者関係

どの企業も納入業者（suppliers）経済資源を獲得して、付加価値を付けて、顧客へ製品・サービスを定期要している。そして、経済的価値のあるものを提供されることにより、顧客価値増加を図ることができる。企業が外部の納入業者へ経済資源の獲得をゆだるアウトソーシングについて、マルツ(A. Maltz)とエラム(I. Ellram)は「アウトソーシングとは、会社に存在する諸活動をしてもらう事、この活動を自社の外部の納入企業か代理店へ移転する事を意味する。例えば、かって、会社の業務に垂直に統合されていた製造業務が、そのタイプの製造活動に特化している他の製造会社と契約できよう。」[23]と述べている。**図表3-15**にあるように、製造業務に限らず、自社の品質管理、マーケティング、サプライ戦略などの課題も、社外にはコンサルタントがおり、彼らとの連携も価値増加の効果がある。今日、サプライチェーンの善し悪しが企業群の存続に関わるようになっている。

図表3-15　納入業者との複雑化した関係

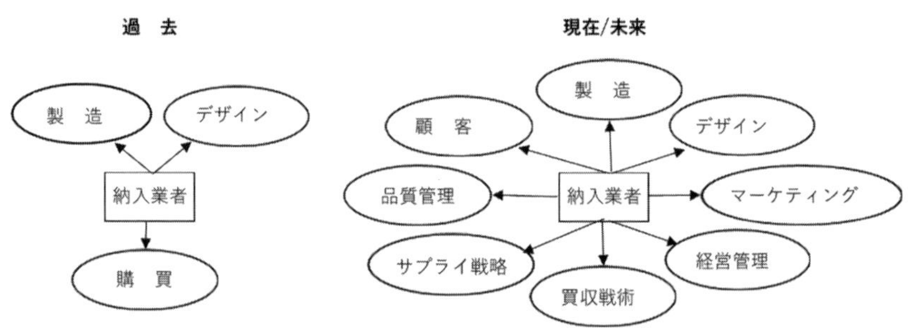

出所）S. Kumar, M. Zander, *Supply Chain Cost Control Using Activity-Based Management*, Auerbach,2007, p.17.

製品・サービスの価値創造で、柔らかくネットとして連携している、一連のサプライチェーンの企業群が原価活動で有効性を高める段階について、マリーンとキーブラー(Marien and Keebler)は観察により、次6段階を踏んでいるとしている[24)]。

・第1段階：機能コストの最小化

機能の領域は内部の個々のコストを減じている。しばしば、その制度の何処かでコストの罰則を伴っている。

・第2段階：最低の納入コスト

会社は入手したり配達されたりした製品・サービスについて、コストを最小化している。しばしば、購買、輸送、資産管理の際にトレード・オフをしている。

・第3段階：持合社の全コスト(TCO; total cost of ownership)

企業はコストを消費する棚卸品と資産を試算し始める。

・第4段階：売上の企業付加価値

会社は所有資源（売上と促進、エンジニアリング、技術支援、IT等）のわずかなコストを超えた売上原価を見当し始める。

・第5段階：直ちに密接な取引相手と企業付加価値

サプライチェーン内の直接の顧客と納入業者とトレード･オフと最良の仕事関係を調査する。

・第6段階：最終利用者に届ける、サプライチェーン・コストの最小化

最終エンドユーザーに焦点をおいて、サプライチェーンの全メンバー間で、トレード・オフとサービスを調査する。

納入者、自社、顧客とのネットワークの次元は、従前の系列関係と異なり、製品企画はできたが、製造設備はない会社と、製造設備があるが、操業度が低い会社を結び付け、価格競争力とwin-win関係をもたらしてくれる。しかしながら、サプライチェーンの何処かに環境負荷物質があると、売上に影響する。また、不良品があると、リコール、製造物責任を負うことにもなる。

・顧客関係

前述では、顧客対応の活動原価のコストドライバーによる顧客への跡づけをすると、特定顧客の売上と顧客への活動原価から粗利益を計算でき、利益性がある顧客と利益性のない顧客を識別できた。利益性のさらなる向上と、利益性のない顧客への原価管理はいかにしたら良いのか。

キャプランとノートンは「活動原価を顧客へ跡づけることによって、そして、流通と配

送チャネルに手配することで、管理者は自社の収益性を改善するさらなる機会を得る事になる。」[25]として、この機会を次のように示している[26]。

① 現存する高い収益性のある顧客を保持すること

② 給付対原価に基づいて、高額なサービスを再び価格設定すること

③ 給付に対して低いコストの顧客と取引をしたいなら、必要に応じて、割引をすること

④ 協力企業で給付に対して低コストであれば、ウィンウィン関係を交渉すること

⑤ 競争企業への永久喪失顧客を容認すること、そして

⑥ 競争企業からの高い収益性のある顧客を獲得するように企てること

①現に高い収益性のある顧客は定着するように対応する。②サービスの提供は意外に高コストであるので、そのコストに見合う対価を設定する必要がある。製品を購入してくれた顧客に、利用方法の技術指導をおこなう場合、顧客の求めに応じて保守点検をしてあげる場合は、料金設定を行う。③自社は収益性が高い場合に、顧客は顧客価値が高いと思うことはまれである。顧客は製品の市場価格によって消費行動するので、適正価格へと改定する。④通常、売手は高く、買手は安く、取引したいと願っている。コスト戦略を可能とするパートナーであり、グローバル化にも対応できる。ネットワークの領野では、win-win 関係が続いていて、関係を絶つと、途端に両社の経営が立ちゆかなくなるという現象がある。⑤競争企業の顧客を自社の顧客にしない、⑥は自社の顧客にすると、合い反する内容であるが、誠実な製品・サービスを適正価格で販売し、無理矢理に顧客獲得すると、獲得コストや代償が高くつく。⑥の収益性のある顧客の獲得は、企業が事業を維持発展を続ける基本的な経営管理者の取組みである。

図表 3-4 顧客利益性の分析の右下事象の顧客は特に収益改善が望まれている。この不採算顧客を把握できるのも、顧客の原価対象の活動基準原価計算によって明らかとなる。不採算顧客は、むしろ、世界的な企業である場合があり、交渉力を必要としているので、不採算顧客の担当は能力のある営業員が適任である。収益改善の基本的方法は、顧客への売価の値上げ、販売量の増加、顧客プロセスの変動費の削減とプロセス固定費の削減である。さらに、新製品を売込み、製品ミックスにより、その顧客への総売上を伸張し、黒字化を図る。黒字化を見定めるのも、活動基準原価計算である。**図表 3-4** の左上は、自社の強みを示す領域であり、その強みを認識して、経営戦略に役立てる事が肝心である。

・市場セグメント

キャプランとクーパーは市場主導型原価計算(market-driven costing)を提唱している。こ

の指向は４つのステップからなっている。

第１のステップについて、「市場主導原価計算プロセスは目標販売価格(発売時の製品の予想価格)を確認することにより始まる。この価格は顧客の知覚、予想される相対的機能と競争力のある販売価格、そして、自社製品の戦略目標を反映する必要がある」[27]と。市場セグメントは、日本では都道府県、世界では北米、ヨーロッパ、東南アジアなどのセグメントがある。すでに、市場セグメントは利益管理で用いられているが、活動基準原価計算の課題は市場の原価対象を計算し、市場セグメントごとの販売額と原価対象額とから粗利益が計算できるようになることである。各市場の消費者は地域の文化風習、気候風土などの特性の違いがある。目標販売価格は、市場の特性、自社製品の強み、競争相手の相対的弱みを分析して、販売戦略を立案して、経営資源を利用した販売活動をして、将来の最適な価格を措定するものである。

第２のステップは「目標市場価格を設定する時に、経営管理者は競合製品の価格をまた認識しなければならない。もし、競合製品がより高い機能と品質を有するならば、目標売価はその競合製品よりも下げる。もし、自社の機能と品質が高ければ、売価は競合製品の価格と同じ(市場占有率増加)か、その価格以上(利益増加)にできる。」[28]と。この次元は経済学的であり、需要と供給の市場理論に従うことが合理的行動であり、市場占有率を高める効果を生む。有効性のある行動は社会的貢献を通じて、成長して行く。

最後のステップは「管理者は、目標売価から目標利益を引くことにより、許容コストを計算する。もし、目標売価で目標利益率を獲得するならば、許容コストは製造されなければならない製品のコストである。許容コストは目標コストとは異なっている、なぜなら市場主導型原価計算のプロセスは会社と納入業者との能力をまだ考えに入れていない。」[29]と。

許容コストは利益管理指向で、売上高から目標利益を確保するならば、資源のコストをどの限度まで費消できるかという考えである。そして、事業の利益が少なければ少ないほど、実際の製造活動を制約する。

市場主導はプル生産を導くもので、市場の動向で生産計画を調整する、販売店の売却に対して補給するように生産をする。市場の消費者の趣向の変化を先取りして製品開発をすると言った、環境適応型生産となる。

・流通経路

製品・商品を市場の販売店又は顧客へ送付する活動には原価が発生する。慣行では、この経費勘定として荷造運送費があるが、運送費だけに限らないで、多くの人手が関わっている。運送コスト自体は最適化はトラックを満杯にして、配送ルートの最小コストのルートを発見することである。最小コストのルートの発見には、LP（linear programing）がある。物流活動はコスト削減の可能性のある領域である。倉庫は固定費である。販売店や顧客へ届ける以前に人手のかかる商品仕分けがある。これらの資源消費と結合しないと、配送に至らない。

この分野の合理化は、情報技術と結合してめざましい。商品を仕分けして配送箱に入れる作業は倉庫から作業員の前に、商品保管箱が来て、送付商品を取り上げるときに、商品に添付されたICダグでチェックされる。こうしたシステム化は配送を迅速に行い、届先でも、バックヤードを不要とし、物品管理も変更の必要性があるときに、行う程度となり、価値創造をしている。製造、販売、販売店の物流に対して、販売店の売り上げ情報が製造部門に届くことで、生産過剰と生産不足を引き起こすことのないシステムが形成される。

・活動基準原価計算とABM

ABM(activity-based management)は活動基準原価計算と連携して、効果的に原価管理を推進できる。この活動基準原価計算を適応できない領域にも原価逓減の取組みがある。製造活動以外の原価低減の取組みも、結果として活動のコストドライバーを引き下げたかで、他の部門の活動の貢献度が明らかとなる。

ターニーは「事業改善にABCを利用することが活動基準原価管理、または単にABMと呼ばれている。ABMは貴社にABCの最大の便益をもたらす経営分析です。ABMは競争の重圧により良く合致して、事業の業務と同様に、事業戦略に適合しようとする努力を導く。」[30]と。ABCとABMの密な関係を**図表3-16**で示している。

ABMの内側にはターニーのABCクロスがある。縦は原価割当視点で、資源は外部からの資材調達と活動への価値消費の跡づけを課題としている。資材調達にはサプライチェーン戦略があり、世界中の市場から高品質の低価格である資材を調達する努力することをABCが求めている。原価対象は顧客価値の高い製品を顧客に提供するものである。企業が高機能と思っても、顧客がその機能に価値を見出しているかが問題で、顧客満足を戦略とする努力をABCは求めている。**図表3-16**の横はプロセス視点である。原価対象は多くの製造プロセスを経て形成される。作業員は難しい作業でも失敗もなく容易に製造できる設備を求めている。作業にリエンジニアリング、さらにはイノベーションを引き起こすことをABCは求めている。プロセスを構成する活動はコストプールとコストドライバー・レートで評価される。このコストドライバー・レートで、PDCAサイクルを利用して、原価管理することをABCは求めている。

原価対象には製品の原価対象と顧客の原価対象がある。どちらもその対価としての売上金額が明確で、粗利益を計算することができる。活動基準原価計算は製造後の製品の販売充足活動を顧客へのサービス活動として直接費化を可能とした。サービス活動を分析すると、隠れていた顧客損失を可視化する。ABCは顧客損失の解消を管理者に求めている。

組織の価値連鎖の研究開発と設計は活動基準原価計算では扱わない。しかし、それらの行動が新製品を開発したり、新しい生産方法を生み出したりした結果で、製造部門のプロセスと活動がいかに改善効果があったか、いかにリノベーション効果があったかを評価できる

図表3-16 ABCとABMの密な関係

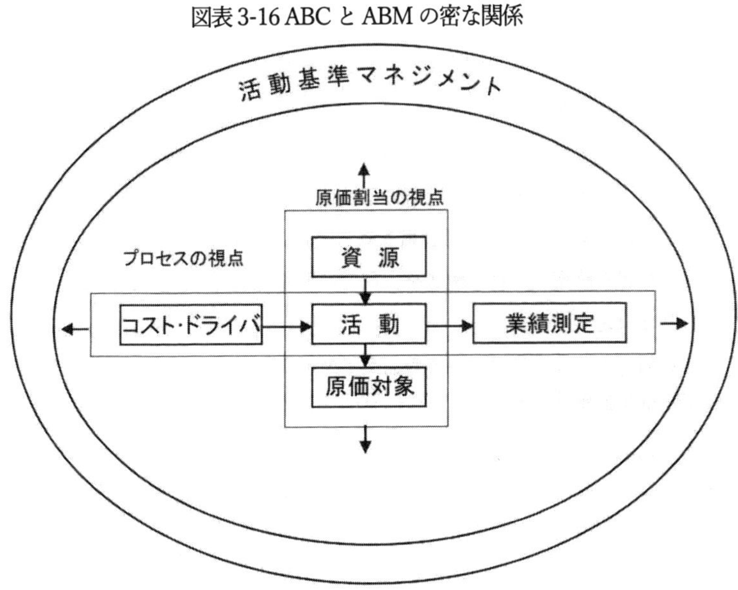

出所) Peter B. B. Turney, *Common Cents,* McGraw-Hill, 2005, p.135.

・製品リードタイム

活動基準原価計算はコストドライバーという給付単位を必要としている。このボリューム単位に時間を用いると、計測が比較的容易である。ボリュームを個数とすると、数えあげる必要がある。今日、センサー技術が発達しているので、自動的にカウントできるよう

になっている。ある1日に、a製品3時間、b製品5時間の組立活動をしたとする。B製品5時間の内、1時間ごとに組立個数を測定すれば、ばらつきが認識できる。活動基準原価計算は実測で、活動原価を割当てる、実際原価が基本である。

原価管理の時間性の意義は、活動時間の短縮であり、これにより、単位当たりの固定費も変動費もコストが逓減されることにある。リードタイムの用語は生産現場で様々に用いられている。納品業者に発注してから部品が届くまでの期間。受注残に対して、製造を指図してから製品が完成するまでの期間。作業指示で生産工程を完了するまでの期間。**図表3-17**は生産工程のリードタイムである。門田安弘は「狭義の生産リードタイムは、加工前の待ち行列時間、段取時間、加工時間、加工後の待ち時間、および運搬時間からなっている」[31]としている。

生産工程のリードタイムの短縮は加工時間と運搬時間については変動費の効率化として原価を逓減する。さらに、生産工程のリードタイムの短縮は機械設備の単位固定費を激減させる。もって、製品リードタイムの短縮は、原価逓減に効果的で、粗利益の増加へも波及する。プル生産をするには、組立をする部品を後工程が要求するときには、すでに必要な量が

前工程で完了している必要がある。そのため、前工程は必要量を必要とする時間に作り終えなければならない。図表3-18は、並行した製造ラインを1ラインか、2ラインかにする、並行処理の工程を設計した図示である。

図表3-17 生産工程リードタイム

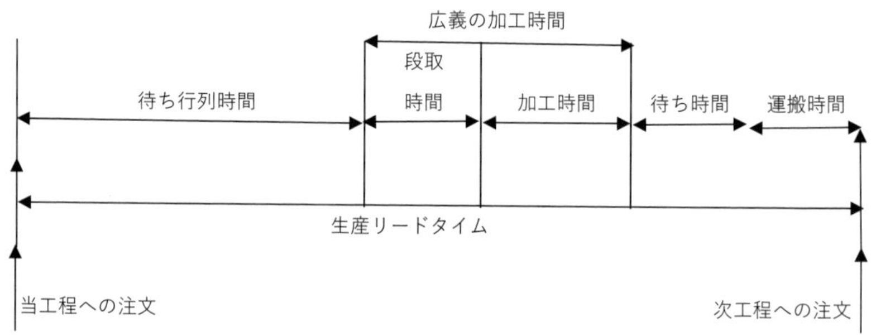

出所）門田安弘『トヨタプロダクションシステム』、ダイヤモンド社、2006，132頁。

図表 3-18 組立工程の並行処理

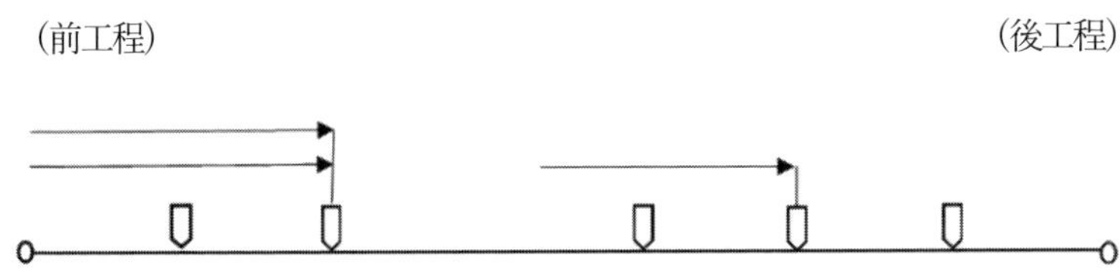

並行処理はフォーディズムとして知られている流れ作業の改善である。この改善は、組立ラインで、ある組部品を組み立てる作業時間で、その組部品を並行処理することを要求する。複雑な組部品は作業量が多くなる。そこで、1 ラインから 2 ラインへと設備と労力を増強すると、コストが膨らむ。他方、製品リードタイムが短縮することにより、製品原価が逓減する。よって、ここには設備と労務費の原価増加とリードタイム短縮による原価逓減のトレード・オフの関係があり、最適解を探求する。この最適解へと導くのも活動基準原価計算の情報である。

組立工程には、待ち時間と運搬時間があったが、これらの時間を省略できるのが、セル生産である。セル生産は製品組立が一か所で、組立製品の周りに組立部品棚に置いてあり、1 人の作業員が完成品へと組み立てる。あたかも一つの細胞の中での作業に見える。特徴は組立製品を動かさないので、待ち時間も運搬時間も生じない。それどころか、コンベア生産のような設備も不要である。組立には様々な作業ができる熟練工を必要としている。セル生産への移行は、劇的な原価改善の技法である。

・ジャストインタイム　—リーン製造—

品質の維持と効率的な生産を目指す製造システムはリーン製造(lean manufacturing)である。そして、そのリーン製造の実際の事例はトヨタの JIT(just in time)である。門田安弘によれば、**図表 3-19** に示されているように、JIT 生産方式は目標として、コスト削減、リードタイムの短縮、品質保証、人間性の尊重を持っている。

品質の維持と効率的な生産システムは JIT を推進する。門田によれば、「ジャストインタイムとは、基本的に、必要な物を、必要なときに、必要な量だけ作ることを意味している。」[32)]としている。JIT は、今製造に必要でない在庫はない、仕掛品の滞留はない、顧客の注文に応じて製造を行う完全なプル生産で、同時に製品リードタイムの短縮を目指している。

図表3-19　トヨタのJIT生産方式

	JIT生産方式
小さなグループ	継続的な改善のためのQCサークルまたはチーム
目　標	①コスト削減 ②リードタイムの短縮 ③品質保証 ④人間性の尊重
手　段	①コスト削減と時間短縮の手段 余分な在庫や労働力の削減に向けて ・かんばんによる引っ張りシステム ・生産の平準化 ・小ロットの生産 ・1個流し生産 ・U字型レイアウト ・多能工、標準作業 ②品質保証の手段 ・自律的異常管理(自働化) ③人間性尊重の手段 ・少人数のグループによる改善活動

出所) 門田安弘『トヨタプロダクションシステム：その理論と体系』、ダイヤモンド社、2006, 507頁、図25-1の抜粋。

JIT 製造システムは工程間の物の移動には、カンバンという、前工程へ情報を伝えて、物をプルする。さらに、サプライヤーにプル情報を伝えることにより、倉庫の貯蔵在庫を無くすことができる。ある作業工程が、次の組立部品を必要とする時点の前に、カンバンシステムは必要な量の情報を前工程に伝え、運搬時間を含めて、必要な物を、必要な量だけ、届ける事を完了する。こうしたタイムリーに作業を進行するには、部品リードタイムを求めるには標準作業時間、標準運搬時間を定めておく必要がある。製造品を早く工程を通過するには、製品バッチでなく、一個流しが適している。

かくして、JIT システムを実装していくのであるが、機械仕掛けのようには、製造物は動かない。手慣れない人が組立に加わり、流れの遅れが生じたならばどうするか。

TPS(Toyota Production System)では、アンドンという作業後れの信号器が、あたかも道路の交通信号機のように、見えやすい位置にある。後れ信号が点灯すると、支援者が加わる。TPS では工員は多能工として、技能を幅広く高める。遅れが増して、滞留状態になれば、作業員がラインを停止できる。TPS は機械・NC 機械と人間との共働による製造思想がある。これは自働と呼ばれている。どのような機械でもいずれ不調を来し、このとき人間に依存しなければ、不良品の山ができてしまう。H.A. サイモンも情報化の進展は MM(man-machine)システムと称している。JIT はサプライヤーとの関係にも及び、サプライヤーの欠陥のない部品と決められた納期を守る信頼性に依存している。

価値創造と原価削減を両立しようとする原価管理の一つの形態は JIT である。「今日、多くのアメリカの大企業(含、ヒューレット・パッカード、グッドイヤー、GM、インテルとゼロックス)は多くのより小企業と同様に、JIT を用いている。JIT 理念の本質は無駄の排除することである。管理者は(1)製品が製造プロセス中に費やす時間を短縮すること(2)製品が非付加価値(点検と待ち時間)となる活動の消費である時間を除去すること。」[33]と、JIT 理念は世界中の企業へと、その適用を広げている。

第 7 節　活動基準原価管理の環境

製造活動の価値増加と原価逓減を担うのは、作業員・管理者の継続的改善とリエンジニアリングであった。経営者は原価の本質との関わりは、如何にあるのか。経営者は投資家より経営を受託し、経営責任と会計報告責任を負っている。また、経営している事業会社には多くの利害関係者と関わっており、事業会社を倒産させてしまっては、利害関係者に多大な不利益を被らせてしまう。今日、不正、誤謬、無駄を排除する内部統制に経営者が責任を持つ制度下にあっては、「業務の有効性と効率性」に気を配らなくてはならない。経営者の株主への重要な財務報告は決算利益である。決算利益を生み出した原因は業務活動にある。この業務活動の適切な評価は活動基準原価計算が担っている。経営者はこの活動価値に依拠して、継続的改善、非付加価値の排除、エンジニアリングの推進を勧める任にある。

予算の策定は経営者の予算編成方針から開始する。ABB(activity-based budgeting)の主題は、原価削減でなく、価値創造である。原価削減は付加価値を高める効果があるだけである。ブリムソンとアントスは「価値は、組織の顧客が自社の製品またはサービスを顧客自ら使用したいとする場合に、生成される。顧客の価値を生み出すには、組織がそのビジョンを明確な目的を持つ戦略に変換する必要がある。」[34]として、次の目標を提言している[35]。

- ・市場シェアの獲得または拡大(A)
- ・売上成長率の向上(B)
- ・利益率の向上 (C)
- ・経費削減(D)
- ・現金税の削減(E)
- ・資産生産性の向上(F)
- ・資本コストの削減(G)

(A)と(B)は事業の価値増加であり、これから原価対象の原価を引くと、粗利益(C) は、原価が逓減すれば、利益率が向上することになる。この利益の上に、一般管理費や投資支出や利益の分配がある。組織の経済的価値の向上は、投下資金が様々な活動を経て、資金が解消し、最終的に投下資金がどれだけ増えたかである。

予算の時間性は未来である。売上に関わる製品はライフサイクルがあり、ある製品の売上が伸びていても、やがて売上が衰退するのが常である。新製品の製造着手に先立ち、原価企画をラグビー方式で行うことが知られているが、そこには**図表3-20**で示されているような活動がある。

図表3-20　新製品企画の諸活動

活動	担当部署　Responsible Department
市場を分析する	マーケティング
製品の研究開発をする	R&D
製品を設計する	技術部
試作品を作成する	技術部
製品設計をテストする	技術部
品質を計画する	品質保証課
自製部品/購買部品を分析する	製造技術課
資材購入を計画する	調達課
製造プロセスを計画する	製造技術課
財務的影響を分析する	財務部

出所) J. A. Brimson, J. Anyos, *Driving Value Using Activity-based Budgeting,* Wiley, 1999, p.57.参照。

高品質を追求すると、高額製品となり、売上高が期待できない。他方、安価な製品を目指すと、品質面で顧客の満足を得られない。この矛盾を解消する方法は原価企画であるが、製品化への最終意思決定は経営者によってなされる。この意思決定の有用な観点は製造活動の価値創造と価値消費からの粗利益の予想である。

経営者には固有の戦略計画の立案と下位組織への浸透がある。ブリムソンとアントス(J. A. Brimson & J. Antos)は「経営者は企業の戦略的計画を組織が特定するプロセス目標に具現化する責任がある。これらの目標は、戦略がプロセスと活動レベルの両者で、如何に良く履行されているかである。」[36]と述べている。製造プロセスはいくつかの活動の集合であるので、履行具合は活動原価と活動ドライバーで、明確な履行評価は活動ドライバー・レートである。そして、戦略計画を設定する会計情報は活動基準原価計算に根ざすABBが適している。

仕入部門は日常の仕入業務に加えて、事業を維持発展するためには、新素材や新商品のサプライヤーとの新規の取引が必要である。この目標のためには見本市への出張や、企業訪問が必要である。伝統的予算は予算額を固定して設定するが故に、予算が足らなければ、出張できない。また、予算が潤沢であれば乱費が生じ安い。他方、ABBは出張回数で統制する、金額での制約はないが、標準のドライバー・レートと比較して、その出張の能率が評価される。ABBは活動主導の予算で、活動の固定費と変動費の比率とドライバー数で評価される。

図表3-21 仕入部門の伝統的予算とABB

仕入部門(伝統的)	
給料	$200,000
福利厚生費	75,000
消耗品費	30,000
旅交通費	10,000
	$315,000

仕入部門(ABB)	
(活動)	
新規ベンダー10社の認定	$65,450
仕入注文書450枚の発行	184,640
275の発行物の発行	64,910
	$315,000

出所) C. T. Horngren, G. L. Sundem, W. O. Straton, *Instruction to Management Accounting,* 1996. p.270.

製造業における、ABBの予算編成は原価対象である製品がどれだけ顧客へ給付されるかの予測から始まる。この予測から次式のように、原価対象の製造量が設定される。

売上単価 × 数量 − 原価対象の単価 × 数量 = 粗利益

原価対象の製造量が決まれば、製造プロセスのドライバー量が決まる。製造プロセスの量に応じて、支援プロセスのドライバー量を決める。活動基準原価計算に基づいてABBを実装していれば、各活動のドライバー・レートがわかっているので、次の式より、活動コストプールも設定することができる。

コストプール ＝ ドライバー数 × ドライバー・レート

経営者は戦略計画を立案し、戦術として能率の向上、リエンジニアリンクで変革をし、戦略計画が ABB へと落とし込むことにより、従業員参加の戦略計画を推進できるのである。

そして、活動基準原価計算の環境が整っていることとなる。

今日の活動基準原価計算の発展は TDABC に見られるごとく、ドライブ価値(driving value)主導のものを利用した、原価管理である。この種の活動基準原価計算はコストドライバー・レートを、ベンチマーキング技法などを利用して標準のレートを探索しての実装である。機械装置に依存した生産では利用に適しているかもしれない。活動量の変化は単位原価の観点で逓減するか、逓増するか、比例的に変化するか、全く変化しないかである。ある活動プロセスに逓増する作業と非能率な活動があると、この数値は誤謬を生じることとなる。結局のところ、内部取引を丁寧に測定して原価の実際金額を求めることが、原価管理の意思決定に必要である。伝統的原価計算の製造間接費を、内部給付の価値移転を無視して配賦してしまったことに最大の欠陥があった。

小 括

活動基準原価管理は活動基準原価計算の情報を利用して、顧客利益を増進して、また、活動原価を逓減して、高収益でスリムな生産性の高い組織へと導く管理活動である。原価の内在性から給付対応の原価の効率化は、利益増進、資金増加、さらには、無駄を排して資源を有効に活用することから、地球資源の保全にも貢献する。

プロセス視点は深いネット関係を社内はもとより、社外の異業種、異分野との連携で、革新的な効率性と有効性を実現できる。

顧客の価値を創造し、低価格の製品・サービスを導く原価管理はあらゆる組織の存続に必要な知識である。非営利組織は有意義な使命を有しているが、少ない資源に直面している。行政も住民へのサービスをより創出しないと、住民はより高い行政サービスを求めて離散してしまう。

原価管理が組織の有効性を高める機能にたいして、よりどころとなる原価情報は活動基準原価計算をしても測定の難しさ、その理由の 1 つがイベントの多さである。この難題を解消するネット関係はコンピュータシステムと複式簿記である。

注

1) P. B. B. Turney, Common Cents, McGraw-Hill, 2005, p140.にベンチマーキングの事例が「例えば、ゼロックスには広範なベンチマークプログラムがあります。活動は、品質、リード タイム、柔軟性、コスト、顧客満足度などの要因で評価されます。各アクティビティは、特定されたベスト プラクティスに照らして評価されます。たとえば、配布の場合、最良の方法は、通信販売業者 L.L. Bean のベスト プラクティスでした。」とある。

2) P. B. B. Turney, Common Cents, McGraw-Hill, 2005, p134.

3)Ibid., p.137.

4)Ibid., p.151.

5) C. T. Horngren, S. M. Datar, M. V. Rajan, Cost Accounting, PEARSON, 2015, p.555.

6) R. S. Kaplan, R. Cooper, Cost & Effect, Harvard Business School Press, 1998, pp.184-186.参照。

7) C.T. Horngren, G.L. Sundem, W.O. Stratton, D. Burgstahler, J. Schatzberg, Introduvtion to Management Accounting, Peason, 2011, p.509.

8) Op. cit., R. S. Kaplan, etc., 4), p.190.

9) Op. cit., R. S. Kaplan, etc., 4), p.193. と op. cit., C. T. Horngren, etc., 5), p.510. を参照して作成。

10) Op. cit., R. S. Kaplan, etc., 4), p.142.

11) 前田貞芳監訳、久保田敬一・海老原崇訳、R.S. キャプラン、S.R. アクダーソン著『戦略的収益費用マネジメント』、Mc Graw Hill Education, 2009,196 頁。

12)同上書、196 頁。

13)Op. cit., P. B. B. Turney, 1), p.158.

14) Ibid., p.158.下線は筆者が記入。

15) Ibid., p.139.

16) Ibid., p.140.

17) Ibid., pp.150-151.

18) Op. cit., R. S. Kaplan, etc., 4), p.142.

19) Ibid., p.140.

20) Ibid., p.61.

21)Op. cit., R. S. Horngren, etc., 3), p.497.

22) Ibid., p.498.

23)Sameer Kumar, Matthew Zander, Supply Chain Cost Control Using Activity-Based Management, Auerbach Publications, 2007, p6.

24)Ibid., p.7.

25) Op. cit., R. S. Kaplan, etc., 4), p.181.

26) Ibid., p.181.

27) Ibid., p.224.

28) Ibid., p.224.

29) Ibid., p.225.

30) Op. cit., P. B. B. Turney, 1), p.134.

31)門田安弘『トヨタプロダクションシステム』、ダイヤモンド社、2006 年、131 頁。

32) 前掲書、8 頁。

33) Op. cit., C. T. Horngren, etc., 7), p.36.

34)James A. Brimson, John Antos, Driving Value Using Activity-Based Budgeting, John Wiley & Sons, 1999, p.4.

35)Ibid., p.4.

36) Ibid., p.58.

第４章　活動基準原価計算システム

システムはある目的をもって、多様な要素が調和をもって結合し、目的実現を支援してくれる構造体である。しかしながら、人工のシステムは信頼性の確保の問題を内包している。まずは、原価管理に有用な活動基準原価計算システムの形成が期待されている。現状のABCシステム(Activity-based Costing System)の問題は、特にコストプールの測定が、そのデータ量の多さから未解決であった。この課題の解消はビッグデータを処理できるIT基盤に依存するとともに、複式簿記と連携することである。会計理論に対して簿記手続きが金額評価を可能としているように、ABCシステムを勘定系システムで構築すると、原価測定の問題が解消できる。

第１節　ABCシステムのデザイン

ABCシステム(activity-based costing system)を会社の業務活動に実装するには、まず、ABCシステム開発のプロジェクトを立ち上げることである。もし、ABCシステムの開発が完了すれば、このプロジェジェクトは解散する。この開発に当たって、L.オリバー(Lianabel Oliver)は「プロジェクト組織が立ち上がった後、最初のこの仕事の業務はシステム設計全体を概念化することです。システム設計では、コストシステムの根本にある理論的なフレームワークと、それが会社でどのように適用されるかを定義する。」[1)]としている。原価計算の理論的なフレームワークとして、財務会計の棚卸資産の評価と、原価管理目的がある。このフレームワークを会計情報システムから接近すると、会計メインシステムと会計サブシステムで扱うことになる。製品、仕掛品、材料等の評価は、メインシステムである財務会計システムの貸借対照表に委ねることができる。製造原価報告書の勘定科目の残高は決算時に貸借対照表に移記されて残高がなくなる。よって、この報告書は財務会計システムのモジュールである。M. ナイア(Mohan Nair)は**図表4-1**を示して、この図表は「経営管理と業務報告のためのABC/ABMの能力を参照している。どちらも重要で、どちらも異なった利用者に役立つ。」[2)]と。

図表 4-1 総勘定元帳と ABC の調和

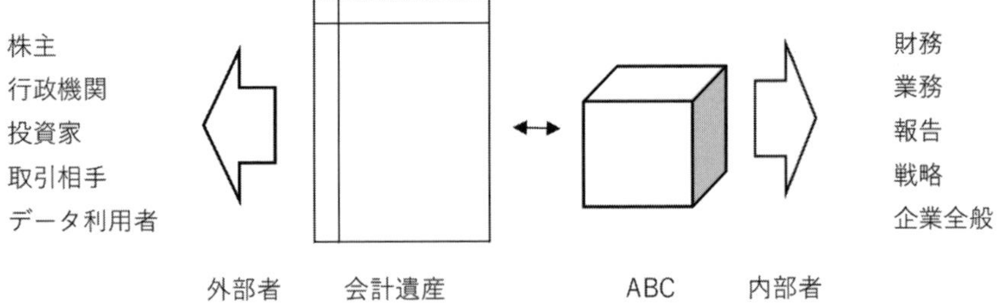

出所) Mohan Nair, *Activity-Based Information System,* Wiley, 1999, p.12.

会計報告責任は民主的組織形成に重要な役割をしている。ABC/ABM の理論からすれば資源管理の目的に適合する会計情報を提供できるものである。また、P. ドラッカー(Peter Drucker)は企業利益の 80%は自社の顧客の 20%からもたらすと述べた。この現状認識はなお、今日の事業に当てはまる。組織が利益に貢献する主な活動と利益を逃す事とを、なお、識別できないという不幸な状況が明らかです。ABC はこの分析を提供できる」[3]と。資源管理と顧客利益分析を可能にする ABC の測定方法の開発が必要である。

「ABC は 1990 年代に新しい構想と見なされ初めた。残念ながら、当時の原価管理方法の代替物と見なされたが、ABC は総勘定元帳でなされ始めた。これはできなかった。産業界はこれを超えようと動いたけれども、ABC の新発見者達は、なお、"総勘定元帳を置き換えるか?"と尋ねている。」[4]と。ABC の測定は**図表 4-2** に示す岐路に立たされている。

図表 4-2 ABC 測定システムと元帳

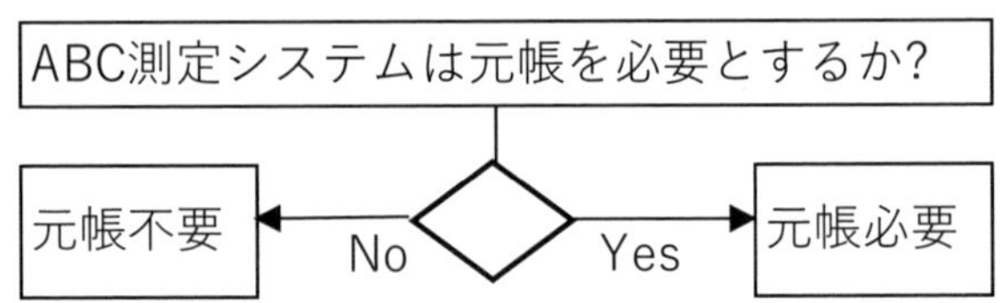

これまでの ABC/ABM の文献の多くは「元帳不要」で活動を分析していた。活動ドライバーは実測であったが、金額は数人の従事者へのアンケートによっていた。また、活動ド

ライバー・レートはベンチマーキングにより基準値を設定して、実測ドライバー数で活動分析をしていた。これでも、伝統的原価計算よりも遙かに原価管理に役立ってきた。しかしながら、原価評価額はデータ依拠ではないために、活動の原価要因をたどるのは管理者のカンだよりである。会計システムは検証可能性のあるデータ依拠して、目的適合性のある報告書を作成するものである。

本書のABCシステムは「元帳必要」のABC測定システムである。歴史の遺産である簿記は金額を集計するシステムである。1990年代に工業簿記を手本に、ABCを複式簿記で処理しようとした障壁は、第1にABCはコストとドライバーを両義として扱う必要があること、第2に資源と活動、活動と活動がネット構造で内部取引が複雑、多量であることにある。こうした課題を解消しないと、複式簿記をABCに適用できない。また、大量のデータを適時に処理するにはコンピュータ利用が不可欠である。

ABCシステムの構築に当たって、製造に関する棚卸資産は財務会計の領域として、製造原価報告書に委ねる。ABCはサービス業にも適用できるが、本章では製造業に適用するABCシステムである。製造業の原価対象を製品のものと、顧客を原価対象とを扱う。後者の顧客の原価対象は顧客利益性を測定し、隠れ顧客損失の識別に貢献する。また、製造活動のイベントに対して仕訳をし、元帳を作成することから、本章のシステムは勘定系ABCシステムである。システムには信頼性の課題があり、事務に適用されているコンピュータ・システムが勘定を内包することで、人間同士のチェックによる統制に加えて、貸借平均の原理による会計統制を可能にすることで、勘定系システムはシステムの信頼性に寄与する。

勘定系ABCシステムは勘定組織をデザインすることから出発する。ABCの活動は階層性があることから、主要なプロセス活動、これを支援する支援活動、各活動全般に関わる共通活動の区分を措定して、2次元で表示した**図表4-3**の活動マップが作成される。このマップは財務会計システムのように他業者への適用性はない。物作りのプロセスと作り方がことなれば、その会社固有の活動名を勘定科目名に付されることになる。

非付加価値の処理には**図表4-3**の様に勘定科目として扱うか、多くの文献で見られたように活動コストに混入されているので、活動評価の時に理論値と実際値とから非付加価値を識別する方法がある。**図表4-3**のように、非付加価値勘定を設定し、資源消費の時に認識して、無駄を非付加価値に振替えると、その後の活動勘定が比較可能性を得るほどに正確となる。また、非付加価値を削減、排除する管理対象として明示される。

図表 4-3　活動マップ

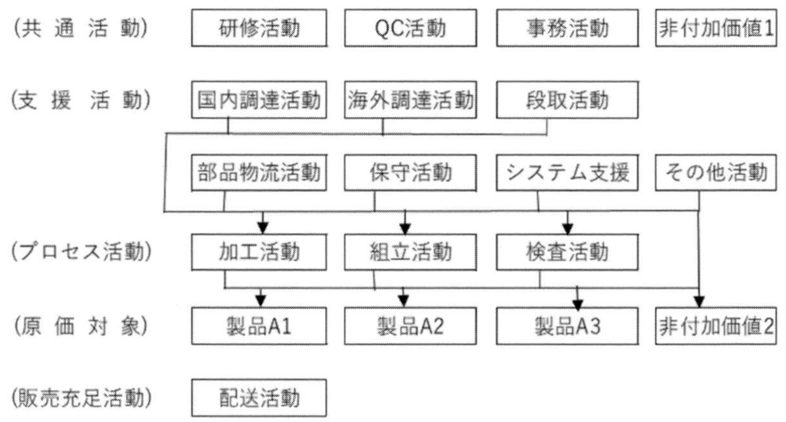

ABC の目標は原価対象の評価である。この原価対象の次の段階に顧客を原価対象として顧客の利益性を評価する領域があるが、**図表 4-3** では販売充足活動のサービスの一例として配送活動を表示しているに過ぎない。ABC は組織内部の経営活動の従事者の意思決定を支援する情報を提供することを目的としている。ABC は財務目的の内在性と関係しているが、財務目的には直接的には関係していない。ただし、財務の経済的資源から給付・原価に関わるイベントを仕訳データとして扱う。

工場の土地の賃貸料と工場の建物減価償却費の資源は原価対象に算入するかしないかと言う選択がある。ホーングレンはこれらを算入しないとした。これらを算入したとしても管理不能である。彼の方式は A 地点と B 地点のどちらに工場を設置するかという意思決定には有効である。一般的に、原価情報の正確性を向上するには間接費を原価計算の対象として配賦計算をしないことである。ABC の本質は間接費を活動基準にして、原価対象に直接費化するものである。そして、この活動または活動の集合が活動センターと呼ばれている。

ホーングレンが第 1 章の**図表 1-3** で示している価値連鎖の R&D、設計は間接費のままで、ABC の活動センターでは扱わない。ABC の活動センターではこの図表の生産、発送、顧客サービスを扱う。そして、生産の原価対象と、顧客の原価対象がある。

工場にいる工事長ほか上級管理者の費用は第 2 章の注 16 で記載してあるように、活動センターへ振り替えない。もし、活動センターへ振り替えられると、固定費として活動を通じて、原価対象へと加算され、管理しにくい金額が増えるだけである。活動センター内の諸活動を計算処理からの属性で区別する必要がある。第2章の**図表2-12**では、活動プロセスを共通活動、支援活動、主活動と区分しているが、活動の計算属性は共通、支援、主要活動があり、共通はあえて他の活動か原価対象に割当てないで、活動プールとして扱う。支援活動は主活動へドライバーにより割当てる。主活動は原価対象のプロセスを構成する。原価対象の評価は主要プロセスの各活動のドライバー数とその単価により集計される。

活動プロセスにはより詳細なプロセスを内包しているが、「一手間」を加える詳細な活動は内部取引の仕訳として活動に加えることができる。金属加工で金属切断面のバリ取り、削りカス取りなどの詳細な作業を加工プロセスに加える。これを**図表4-4**のように、仕訳で扱うことができる。複式簿記の仕訳は加工活動の下位にある詳細な活動も扱うことが可能である。これが、所作のマイクロ活動を仕訳したデータとなっている。

図表4-4　価値振替の内部取引仕訳

月	日	摘　　　要	丁	借方金額	貸方金額
2	10	(加工活動)　　　　(賃金給与)		10,000	10,000
		バリ取り　8時間　　　A氏			

活動基準原価計算の価値振替えは仕訳で可能となるが、問題は内部取引の膨大な取引数である。この仕訳より生成される活動の元帳はそのプロセスを表示する。その表示する意味は経済資源の結合と生産プロセスを表示して、その資源とプロセスを経て特定の生産活動をする事を意味し、この活動が他の活動か原価対象の価値形成に貢献する事を意味し、貢献することによりこの活動の残高は消えてしまう。複式簿記の元帳の増減から、活動を再定義すると、次のようになるであろう。**活動とは特定の生産目的をもって、諸資源を結合するプロセスを有して価値増加し、この生産価値を必要とするものへ給付をすることにより、この活動価値が消費するものである。この本来的な活動目的に対して、非本来的な非付加価値(無駄)を生ずることがある。**過去の文献ではこの非付加価値を内包したまま活動に割当てていたので、非付加価値和排除して活動評価する必要があった。非付加価値は非付加価値勘定へ割当てると、活動評価の信頼性が高まるので、ABCシステムには非付加価値勘定の設定を必要としている。そして、元帳の活動勘定では、活動勘定の価値増加は借方に、この活動の価値移転は他の活動勘定または、非付加価値勘定に振り替えられると、

この勘定の貸方は加法減算されて、この活動の残高はゼロとなる。

価値振替を忠実にありのままに仕訳するとなると、この内部取引が膨大であるが故に活動プールの測定が困難であった。ABCが複式簿記を利用するには、簿記構造に変革が必要である。この問題の一つの解消方法が跡づけシートの利用である。跡づけシートはマトリックス構造を利用して、活動の価値振替の仕訳をコンピュータ言語によるプログラムで自動生成する。

図表 4-5　跡づけシートによる資源の割当

日付		科目	摘　要	給付	金　額	活動科目					
						保守活動	システム	加工活動	組立活動	検査活動	非付加価値
4	30	賃金給料	a氏	時間	400,000	100		20		80	
	30	賃金給料	b氏	時間	300,000				200		
	30	賃金給料	c氏	日	450,000		22				
	30	機械減価償却	固定資産台帳	金額	1,200,000		200,000	800,000	100,000		100,000
	30	ソフト費	東京システム開発	金額	150,000		150000				

図表 4-5 は資源ドライバーによる資源の活動への価値振替の方法の事例である。A 氏は機械の保守担当である。A 氏は機械全般の保守を担当しているが、加工の作業と検査の作業にも従事した。このマトリックス構造から、この内部取引の仕訳は次のようになる。

(借方・価値増加)		(貸方・価値消費)	
保守活動	100,000	賃金給料	100,000
加工活動	44,000	賃金給料	100,000
保守活動	100,000	賃金給料	100,000

また、機械減価償却の活動勘定への価値振替について、組立ラインが、一時的に停止していて、コストは発生しても生産活動をしていなかったので、非付加価値勘定への振替が必要であり、次のような仕訳を生成する。

(借方・価値増加)		(貸方・価値消費)	
システム	200,000	機械減価償却費	200,000
加工活動	800,000	機械減価償却費	800,000
組立活動	100,000	機械減価償却費	100,000
非付加価値	100,000	機械減価償却費	100,000

機械減価償却費は固定資産管理システムから月次決算用の減価償却費による。期末決算では減価償却費を年次の金額と調整して、計上する。この減価償却費は固定費であるので、

月次では、稼働か未稼働かの時間測定が非付加価値の識別に必要である。跡づけシートへの記入が完了すると、ABC システムのプログラムを実行することで、仕訳は自動生成するようにする。

ターニーモデルの活動から原価対象への価値振替はコストプールの金額をコストドライバー数量で跡づける。この跡づけで利用する活動ドライバーは多くの文献で承認されているが、この手続きも諸活動の金額をマトリックスの行に、各原価対象をマトリックスの列に設定して、それらの交点(cell)にドライバー量を入力する跡づけシートを利用すして、内部取引を自動生成する。自動生成機能が大量の内部取引を扱うことを可能にすると同時に、活動のコストとドライバーの両義性を扱えることで、複式簿記が ABC を扱える道を開いたのである。

活動基準原価計算を勘定系として、システム設計するには、業種ごとに、その会社ごとに、勘定組織を設定する。製造原価報告書の勘定科目は財務費用として分類した科目を設定する。活動センターは製造活動の目的分類として科目を設定する。本書では、バルブ製造業を事例として科目設定をする。また、バルブは鋳物工程と製品組立工程があるが、主に、製品組立の工場の活動基準原価計算を事例として扱っている。

一般的にこの種の製造業は比較的多量の受注に対して、生産計画を立てて進める。バルブ製造には鋳造バルブ本体、ハンドホイール、弁棒などの主要材料とナット、リングなどの補助材料を調達する。主要材料は原価対象への直接費である。そして材料の仕入れには調達活動を伴う。そして、調達活動は活動センターに属し、意思決定の必要性から国内調達活動と海外調達活動を設けることとする。国内生産品と輸入品の部品価格を単純に比較するだけでは誤った意思決定を導く、その調達、検収、事務等のコストを含めて比較する必要がある。主要材料である直接材料費は原価対象に直接に賦課する。補助材料費は活動センターでも、その消費額を間接費として扱う。ナットやリングなどの少額の部品 1 個は、費用便益の原則から、1 個 1 個の原価を測定しない。しかし、部品箱を運ぶ距離(時間)、運んだ回数などの部品物流活動は必要である。

活動センターの領域の内部取引を考察するには、まず二次元で表現する勘定組織の活動マップ設計することである。次いで、内部取引の取引属性を識別することである。経験によれば、部門を分けると、必ず部門共通費が生じる。さらに、給付単位も見い出し難いものがある。これを共通活動とし、活動の間接費(overhead costs)のままとする。総原価論者は正しい原価でないと指摘されるかもしれないが、この間接費を配賦しない方が、原価対象の粗利益の獲得力を明示してくれるのである。

バルブ製品を製造するには、主要なプロセス活動とこれらを手助けする支援活動がある。プロセス活動には加工活動、組立活動、検査活動がある。加工活動では鋳物の素材を加工する。素材をパイプに接合するネジ山を左右に刻む。仕切り板を制御するハンドルの穴をあける。加工をするのはNC装置であり、部品物流活動員が素材箱を機械にセットすると、装置が製品規格を感知して、削る工具を取り替えて作業をする。ある規格のバルブを加工する前に、機械を止め、工具を設置し、テストをし、連続作業に移るが、最近のNC装置では人手による段取り活動はない。機械加工の後、人手により、作業くずが付着していないか、ネジ山が正しく削られているか疑わしければ、パイプのネジ山と摺り合わせてみる。もし、不良品があれば、その不良品は除外して、非付加価値の報告をする。加工活動に伴うこれらの点検作業は賃金給与の資源が加工活動の付随活動としての内部取引として処理される。

組立活動はバルブ本体に10種類程度の部品を取り付ける。作業効率をあげるためには、並行処理で組み部品を組立てると良い。組立機械の開発も選択枝にあるが、バルブ内の細かな組立は機械化するには困難であるだろう。よって、労働集約的なコスト構造となる。そして、部品待ち、規格違いの部品などで、組立活動が中断されると、その時間の賃金が非付加価値となる。原価計算基準の原価の本質に「原価は正常なものである。」とある。異常な状態で組立てた製品の原価は他期間の組立活動費と比較することはできない。異常な中断で、生産価値を製造できないときのコストの発生を製造物へ含めてしまうと期間比較は正しくできない。

検査活動は製品の品質保証に必要な機能である。この検査はバルブに水を挿入し、水漏れが無いかを検査する。もし、不良品を販売してしまっては、製品回収、製品交換など多額の対応費用が発生する。製品検査で不具合があれば修理コストが生じる。バルブ本体にひびがあるようでは、不良品で除却する。この修理コストと不良品の評価額は非付加価値勘定へ振替える。

主要プロセスの加工活動、組立活動、検査活動に対して、これらを支援する活動がある。素材や部品の製造現場には調達活動と工場内の部品物流活動がなければ、製造に着手することはできない。社外からの調達には国内調達活動と海外調達活動の勘定を設定している。これは、部品そのものの単価の比較でなく、社外の物流費を含めることが、サプライチェーン構築の意思決定をするのに必要性である。

保守活動の支援は、加工NC機械の定期的なメンテナンスのほか、切削の刃は日常的に使用経過期間、刃の状態をチェックし、不具合があれば、交換する。保守活動を怠ると、大量の不良品を作ることになる。トヨタ生産システムでは、自動化でなく、自働化と称して、人と機械の共働で物作りをする。組立活動へも安全な作業現場を維持する活動をする。作業員の怪我の未然防止、組立設備の保全、防災への取組みをする。保全活動はリスク管理の一助をになっている。検査活動の検査装置を点検し、特に水漏れを検知するセンサーの定期的な性能テストは欠かせない。保守活動が不十分で事故が生ずると、多額の損害が発生する。

システム活動は、事務系と制御系で広範に活動を支援する。**図表4-3 活動マップ**ではプロセス活動の支援として図示されている。加工活動ではNC制御のコンピュータプログラムに依存して作業を行っている。NC装置の実行操作や停止、プログラム更新、装置のフリーズの対応、みNC装置メーカーとのリエンジニアリング対応などの活動がある。組立活動にも、様々な組込工具、センサーからの生産情報の獲得、作業員へディスプレイを利用しての作業指示などの活動がある。

支援活動からプロセス活動への跡づけはコストドライバーにより、もし保守活動が¥450,000で、1ヶ月に加工活動200時間、組立活動150時間、検査活動100時間を支援したとする。この例の価値振替を跡づけシートを利用するとき、**図表4-6**のような資料を必要とする。

図表4-6　跡づけシートへの入力資料

科目	金額	給付単位	給付数	加工活動	組立活動	検査活動
保守活動	450,000	時間	450	200	150	100

この資料の入力により、次の仕訳をABCシステムは自動生成する。この内部取引はドライバーを時間として、この時間量により価値振替しているので、事実に基づいた正確性がある。

(借方・価値増加)		(貸方・価値消費)	
加工活動	200,000	保守活動	200,000
組立活動	150,000	保守活動	150,000
検査活動	100,000	保守活動	100,000

跡づけシートにより仕訳データが ABC システムへ入力されると、プログラム処理により各種の会計情報が出力される[5)]。

図表 4-7　ABC システムの構成

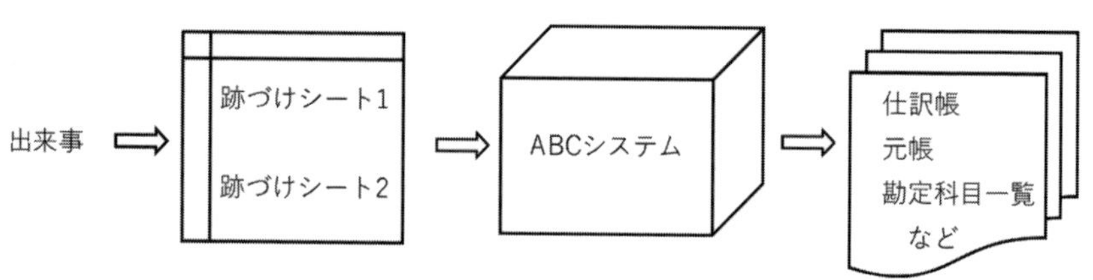

第 2 節　ABC システムの実装

ホーングレンはレンズ製造メーカーである Plastim 社の管理者が ABC システムを実装した過程として 7 つのステップがあったとして、**図表 4-8** レンズ製造業 Plastim 社の ABC システム概要を用いて、次のように示している[6)]。

ステップ 1：選択された原価対象である製品を識別する。
ステップ 2：製品の直接コストを識別する。
ステップ 3：製品への間接コストを割当てるために用いる活動と原価割当基準を選択する。
ステップ 4：各原価割当基準で割当てられた間接コストを識別する。
ステップ 5：各原価割当基準の 1 単位当たりのレートを計算する。
ステップ 6：製品に割当てられた間接コストを計算する。
ステップ 7：製品に割当てられた総ての直接コストと間接コストを加える事によって製品の合計コストを計算する。

図表 4-8 レンズ製造業 Plastim 社の ABC システム概要

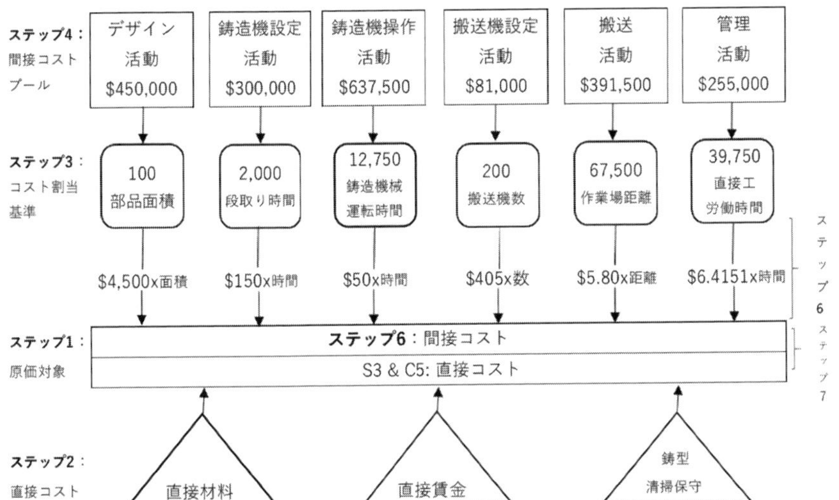

出所) C. T. Horngren, S. M. Datar, M. V. Rajan, *Cost Accounting*, PEASON, 2015, p.184.

第 1 ステップでは原価対象を確認する。この会社では S3 と C5 のレンズを製造しているので、このレンズを原価対象とする。ABC システムは顧客を原価対象とすることもできるが、階層が複雑となる。**図表 4-8** では原価対象の構成は直接コストと間接コストよりなる。

第 2 ステップでは直接コストを識別する。**図表 4-8** では直接材料と直接賃金と鋳型清掃保守を直接費として認識している。素材のガラス材は直接費である。レンズは加工して、レンズ磨きは機械が行うが、精度を高める焦点の調整は職人がレンズを磨いて調整する。この調整をおこなったレンズは高精度レンズとしての付加価値がり、このレンズだけの作業である。鋳型清掃保守は直接コストか間接コストかの識別は、Plastim 社の管理者の判断に委ねられている。S3 レンズと C5 レンズの清掃保守が同質的な作業であれば、間接コストに識別されるであろう。レンズ生産でレンズ研磨を要するものと、鋳型から取り出して、所定の検査を経て販売してしまう場合ではこの作業の質が異なり、原価割当はレートを用いないで、直接コストを測定する。

第 3 ステップは製品への間接コストを割当てるために用いる活動と原価割当基準を選択

する。原価給付計算は給付単位を見いだせない不可能である。**図表 4-8** ではコストドライバーの測定値を示している。そこでは面積、時間、数と距離が給付単位として用いられている。

第 4 ステップは各原価割当基準で割当てられた間接コストを識別する。第 3 ステップと第 4 ステップの前提は製造間接費で扱われている領域に製造する活動をすでに措定してあることである。**図表 4-8** では主要なプロセスとして 6 つの活動が措定されている。そして、この図のコストプールとして活動金額は、**図表 4-9** のように費用科目として資源消費が割当てられたものである。

図表 4-9 主プロセス活動の資源消費

費目 ＼ 活動	デザイン	鋳造機設定	鋳造機操作	搬送機設定	搬　送	管　理	合　計
給与(管理者、デザイナー生産技術者)	$320,000	$105,000	$137,500	$21,000	$61,500	$165,000	$810,000
工員賃金	65,000	115,000	70,000	34,000	125,000	40,000	449,000
減価償却費	24,000	30,000	290,000	11,000	140,000	15,000	510,000
保守料	13,000	16,000	45,000	6,000	25,000	5,000	110,000
電力・燃料	18,000	20,000	35,000	5,000	30,000	10,000	118,000
賃借料	10,000	14,000	60,000	4,000	10,000	20,000	118,000
合　計	$450,000	$300,000	$637,500	$81,000	$391,500	$255,000	$2,115,000

出所) C. T. Horngren, S. M. Datar, M. V. Rajan, *Cost Accounting,* PEASON, 2015, p.186.原書には「鋳型清掃」の欄があるが、直接費のため筆者が除いた。

第 5 ステップは各原価割当基準の 1 単位当たりのレートを計算する。**図表 4-8** のデザイン活動では、非球面レンズ加工のように、面積で跡づけるのが適切である。デザイン活動は$450,000 であった、製造したレンズ面積は 100 平方フィートであった、よって、1 平方フィート当たりは$4,500 がコストドライバー・レートとなる。各活動は活動コストを測定したドライバー数で割ると、このコストドライバー・レートに原価対象が消費した量を掛ける事により、原価対象の価値増加を評価する。

ABC システムによるコストドライバー・レートの測定は毎月の原価計算期間ごとに異なった数値である。そして、月ごとの活動の能率比較に適合する会計情報である。

第 6 ステップは製品に割当てられた間接コストを計算する。原価対象は直接コストと主・活動プロセスから構成されている。よって、原価対象は第 6 ステップを経て、第 7 ステップで製品に割当てられた総ての直接コストと間接コストを加えることで、原価対象である製品 S3 と C5 の製造コストが決定された。

Plastim 社は ABC システムが処理して生成した情報の有益性を次のように示している[7)]。

① 間接コストの重要な金額が 1 つか 2 つのコストプールだけを用いて割当られている。

② 総てかほとんどの間接コストが産出単位―レベルコスト(ごく僅かな間接コストがバッチレベルコスト、生産維持コスト、又は設備維持コストとして記録される)―として識別されている。

③ 製品が、製造量、プロセス・ステップ、バッチ量または複雑さの違いのゆえに、様々な資源需要をしている。

④ 会社が製造したり販売したりするのに適している製品は少ない利益を示す。だか、製造したり販売したりするのにほとんど適さない製品は多額の利益を示す。

⑤ 作業員は製品・サービスを作り販売した報告コストと実質的な不一致をもっている。

Plastim 社の ABC システムの実装した気づきの①について、加工作業もなく、組立たてた製品を売るだけでは、組立活動だけ、あるいは検査活動の主要活動だけ原価対象を求める事ができる。しかし、②で指摘した支援活動や主活動への間接活動が多々ある。**図表 4-8** では支援活動は示されていないが、この活動を措定して測定すれば、管理可能となる。③の指摘は資源消費の活動への価値振替は複雑であることを意味しているが、この複雑さを克服すれば、正確性のある活動評価を可能にする。④は、自動化した機械で製造してしまう製品は利益はすくない。手作りの高級腕時計のように、熟練工でしか作れないような製品は高額で利益も大きい。⑤について、伝統的原価計算を利用した日本の製造業の工員は、一生懸命に生産に励んでいるのに、どうして製造原価が下がらないのかと思っている。ABC システムを導入して、安価な部品を利用して組立作業をしての原価と売価を考えると、会社は儲けると思ってしまうかもしれないが、製造プロセス活動の上位階層、製造の上手と下手に多大の価値創造活動があることを知る。また、従来、少々作業の停止があっても、原価に及ぼす影響は評価として現れなかったが、この ABC システム利用では、どこの活動がドライバー・レートを上げてしまったかが明示されてしまう。種々の活動を措定することで、従来の見えざる間接費の領域が、その内部活動として測定評価できるようになったのである。

システムは技術変革、管理要件の拡大、社会の規制の変化などに対応してシステムは改善される。また、未成熟なABCシステム自体の改良のために、システム改善が必要とされている。Plastim社のABCシステムにたいして、次のような改善点がある。

1.**図表 4-8** では原価対象とプロセス活動を示しているが、活動階層として支援活動とさらに、共通活動を扱う必要がある。

2.活動単位にプロセス活動と支援活動はをマクロ活動とすれば、さまざまなマイクロ活動が存在している。**図表 4-8** の直接コストの「鋳型清掃保守」はマイクロ活動とも解釈できる。このようなマイクロ活動が多々ある。マイクロ活動があるからと言って、これに活動単位を措定すれば、活動センター内が複雑になり過ぎて、測定不能に陥る。

3.原価計算の本質視点である、価値を産み出さない活動が活動金額に含まれている。よって、このシステムの活動評価には未使用能力原価を探求する必要がある。この探求を不要にできるのが、非不可価値活動を活動から除外して集計できるようにすることである。

4.**図表 4-8** では、経済資源を費目から活動へ価値振替を行っている。製造活動に伴う価値振替は個々の内部取引として、材料、労務費、機械・燃料・サービス等の費消として費用科目に分類されているだけで、個々の経済資源が費消して、活動価値を高めている。個々の経済資源の内部取引に根ざす、精緻な取引データに依拠することが求められている。費目金額の配賦計算を排除すると、マイクロ活動の貢献が可視化される。

5.原価管理にはABBの計画性が不可欠である。ABBを実装することで、総ての活動を容易に評価すること、非能率活動を指摘できるようになる。

以上の5項目の改善点を解消してのABCシステムは次節の勘定系ABCシステムである。

第3節　勘定系ABCシステム

ABCシステムは同業種であっても、プロセスの違いがあれば、他社では利用できない。この節では、鋳造のない、バルブ製造業のABCシステムを想定している。

a.　活動センターの勘定科目

本章の勘定系ABCシステムはコンピュータ利用である。ABCシステムのコンピュー化では、科目には必ず数字のコードを用いる。活動センターで用いるコードは、**図表 4-10** のようにデザインされる。活動共通費は本章のシステムの特色である。伝統的原価計算では多くの製造間接費があったが、活動基準原価計算にしても、主要プロセス活動に対して、活動の階層性を分析すると、複数の活動に関わる経済資源の消費がある。この活動共通費は他の活動に割当てることは不適当である。

図表4-10 活動センターの勘定コード

区　　分	科目の区分コード
経済資源の消費(製造)	1000　～　1999
活動共通費	2000　～　2999
支援活動	3000　～　3999
主要プロセス活動	5000　～　5999
原価対象	6000　～　6999
経済資源の消費(販売)	7000　～　7999
販売活動費	8000　～　8999

活動基準原価計算は利益分析を可能とするが、販売活動コストを顧客セグメントで粗利益を分析するには、7000 番台の経済資源の消費を損益計算書より活動センターへ価値振替えをする。7000 番台は販売活動を生み出すための受け皿である。8000 番台で販売活動コストを測定することは、隠れた不採算顧客を表出するのに重要である。

活動センターで利用する科目を区分コード化は、ABC システム実装への最初の作業である。そして、このコードと科目名は電子記録媒体であるファイルに設定される。また、この科目ファイルは原価計算の会計期間後に有用な原価管理情報を提供する。

b.跡づけシートによる仕訳データ作成

活動基準原価計算の実践を妨げていた最大のネックは、経済資源と活動と間の内部取引であった。特に内部取引量の多さは、費用便益に適合しなかった。そのため、これまでの活動基準原価計算の実践は便宜的な簡便法であった。この問題解消法の一つは**図表 4-7ABC システムの構成**で位置づけ示されている「跡づけシート」である。

図表 4-11 跡づけシートの入力例

跡づけシート01

仕訳自動生成　　CD-Set

								1	2	3	4	5	6	7	8	9	10	11	12	13	14	
202X							活動CD	2010	2020	2040	2050	2060	2090	3010	3020	3030	3040	3050	3060	3090	3999	E
							活動名	生産管理	研修活動	QC活動	保守4S活動	事務活動	其他共通活動	国内購買	海外購買	段取活動	部品物流活動	保守活動	システム支援	其他支援活動	非付加価値1	合計
日付	科目CD・科目名		摘要		給付CD・名		金額															
430	1641	給与手当	A氏	事務	21	時間	250,000	25		2		150		30	20							250000
430	1642	賃金手当	B氏	マテハン	21	時間	200,000							30	10	60	170	6		3		200000
430	1681	減価償却費	加工機no.0042	未使用	11	金額	50,000														50000	50000

跡づけシートは経済資源の消費データと活動センターの活動勘定への寄与した数量とから構成されている。工場事務を主に務めているA氏は生産管理活動者へABC情報を書類として作成して提供する。また、QC活動へも時より生産データを提供する。さらに、購買活動の書類作成のチェックをする。部品の物流を主に務めているB氏は、購入部品の納品に際して、注文通りの納品と数量であったか、品質に問題は無いかを検収している。また、NC加工機へ素材加工の段取りをする。主に組立活動への部品の補給であるが、時折保守で必要な部材を補給する。**図表4-11**の仕訳3行めの未使用の加工機は非付加価値勘定へ価値振替をしている。

これらの活動依拠のデータから仕訳を記入することは、決して煩わしいものではない、ただ「仕訳自動生成」のコマンド・ボタンを押すだけである。この操作で**図表4-12**の仕訳がなされる。資源ドライバーの活動センターへの価値振替計算は「割当」が適切である。活動センター内の価値振替計算は「跡づけ」が適切である。**図表4-12**は、この振替金額はABCシステムのプログラム処理である。按分計算は実数を用いるが、会計の金額は整数である。

図表4-12 プログラムによる跡づけ計算

物流活動コスト	加工活動	組立活動	検査活動	原価対象1	原価対象2	原価対象3	合　計
265,636	30	1	2	6	6	6	51
按分計算	156,256.47	5,208.55	10,417.10	31,251.29	31,251.29	31,251.29	
跡づけ金額	156,257	5,209	10,417	31,251	31,251	31,251	265,636

跡づけ計算は伝統的原価計算の部門別計算と似ているが、製造プロセスの部門費ではなく、製品（原価対象）への直接費化思考の活動基準に区分集計する。また、経済資源の１つ１つの費目や、労務費となる１人１人の業務を活動勘定に跡づけている。この跡づけ計算はコンピューター依存なくして実行不可能であろう。こうした跡づけ計算により得られた活動勘定は詳細なものの結合であり、伝統的原価計算は製品原価を導きだしているものの、大雑把なものである。そこて、コンピュータ利用の跡づけ計算によるABCは精緻なABCであるとして、他のものと区別する。

図表4-13　活動仕訳帳

活　動　仕　訳　帳

202X　12 件

日付	摘	要	給付単位		ﾚｺｰﾄﾞNO	借方CD	借方科目	貸方CD	貸方科目	金　額
430	A氏	事務	25	時間	1	2010	生産管理	1641	給与手当	27,533
430	A氏	事務	2	時間	2	2040	QC活動	1641	給与手当	2,203
430	A氏	事務	150	時間	3	2060	事務活動	1641	給与手当	165,198
430	A氏	事務	30	時間	4	3010	国内購買	1641	給与手当	33,040
430	A氏	事務	20	時間	5	3020	海外購買	1641	給与手当	22,026

従業員の納入品チェックの検収、取引書類のチェックなどはマイクロ活動であるが、こうした活動も仕訳データとして取り込むことができる。活動基準のデータに依拠しないと、満足する活動基準原価計算の報告書の作成は不能であろう。マイクロ活動そのものを勘定科目として測定することは活動勘定が複雑になり、ABCシステムを実装する原則としての活動勘定の簡素化に反するものである。マイクロ活動は仕訳へ、ありのままに入力することで、元帳の活動勘定に表示される。

図表 4-14 跡づけシート 1 の仕訳生成後の勘定科目集計

活動コード	活動名	属性	借方	貸方	原価	給付数	レート	評価
3010	国内購買	支援	43669					
3020	海外購買	支援	133355					
3030	段取活動	支援	91427					
3040	部品物流活動	支援	375983					
3050	保守活動	支援	10314					
3060	システム支援	支援	829000					
3090	其他支援活動	支援						
3999	非付加価値1	支援	50000					

ターニーの ABC モデルには、価値振替に資源ドライバーと活動ドライバーがあった。ABC システムを実装して、明らかになったことは、**図表 4-8** レンズ製造業の原価対象に、直接材料、直接賃金、鋳型清掃保守が経済資源からの価値振替であることから、資源ドライバーは活動センター内の資源科目以外の他の勘定科目(含原価対象)へ価値振替をするための数値(物量、賃金、サービス量・料)である。製造業では経済資源が活動センターのどの階層へも関わるので、第 1 次の跡づけシートは原価対象まで割当てるシートとするのが良い。よって、製造業の第 1 次の跡づけシートは製造原価報告書から活動センターの総ての勘定への割当となり、その跡づけシートは経済資源の消費を自動的に仕訳する用具となる。

ターニーの活動ドライバーを目論んで、ABC システムには第 2 の跡づけシートを必要とする。第 2 の跡づけシートは活動センター内の支援活動、プロセス活動、原価対象間の価値振替を活動ドライバーにより跡づけるものである。第 2 の跡づけシートの金額は**図表 4-15** で示しているように、第 1 の跡づけシートより生成した仕訳より活動勘定を集計した金額を用いる。また、当該勘定の活動ドライバーの測定量を**図表 4-15** で示すシートに入力する。

コラム

「跡づけシート」は本書特有のものである。同様の仕組みは、Pierre Mevellec "Cost Systems Design" (2009)に、Autoclosure(自動締め切り)として紹介されている。「跡づけシート」は資源と活動、活動と原価対象との2シートが必要。顧客・原価対象は固有のABCシステムのモジュールであり、ここにもある。

図表 4-15 勘定科目集計より、支援活動からプロセスと原価対象への価値振替

跡づけシート02　　20

仕訳自動生成　　CD-SET2

202X　　67

日付	科目CD・科目名		摘要	給付CD・名		金額	5020 加工活動	5030 組立活動	5040 検査活動	6101 原価対象1	6201 原価対象2	6301 原価対象3	6899 非付加価値2
430	3010	国内購買	総5,500個	41	個	43,669				5000		500	
430	3020	海外購買	総5,000個	41	個	133,355					5000		
430	3040	部品物流活動	総距離50	91	距離	375,983	29	1	2	6	6	6	
430	3050	保守活動	総100時間	21	時間	10,314	60	10	30				
430	3060	システム支援	総30G	61	量	829,000	23	2	5				
430	1644	雑給	バリ取り	11	金額	300,000	300,000						
430	5020	加工活動	加工	41	個	1,859,825				5000	5000	500	
430	5030	組立活動	組立	41	個	932865				5000	5000	500	
430	5040	検査活動	検査	41	個	666014				5000	5000	500	
430	6201	原価対象2	不良品　180個	11	金額	150,000							150000
430	3030	段取活動	作業準備	21	時間	91,427		1	1				

本来的には、第 2 の跡づけシートは経済的価値を活動ドライバーで跡づけるものであるが、非本来的に、追加のマイクロ活動が発生するので、経済資源も扱えることをシステム要件としている。また、製品価値のない不良品も発生するすることもあり、非付加価値勘定との取引を可能とすることも、システム要件である。

C.プロセス表示の原価対象(元帳)

原価対象は主要なプロセスから構成されていることは事実であるが、原価対象の総ての構成要素は主プロセスだけではない。直接材料が如何にして製造現場へ運ばれてきたか、また、完成品を如何にして出荷場所まで運んだか、これらを総合して、製造給付の完了と言える。勘定系 ABC システムでは**図表 4-16** のように、原価対象のプロセスを元帳で表示する。

価対象 1 の製品原価は¥4,231,819 で、5,000 個制作したので単価は¥846.36 であった。原価対象 3 の製品原価は¥463,788 で、500 個制作したので単価は¥927.57 であった。活動原価は固定費と変動費の混合である。いくつかの製造プロセスを経ると少量生産は固定費の負荷部分の割合が多くなり、その固定費を跡づけされた製造原価は単価が上昇する。

図表 4-16　原価対象の製造プロセス（元帳表示）

元帳表示　　元　　帳　　コード 6101 原価対象1

202X

日付	摘　　要		給付数	単位	科目CD・科目名		R-No	借　方	貸　方	残　高
430	バルブ	地場5K		金額	1610	材料費	29	2,500,000		2,500,000
430	総5,500個		5000	個	3010	国内購買	40	39,699		2,539,699
430	総距離50		6	距離	3040	部品物流活動	46	45,118		2,584,817
430	加工		5000	個	5020	加工活動	56	885,631		3,470,448
430	組立		5000	個	5030	組立活動	59	444,222		3,914,670
430	検査		5000	個	5040	検査活動	62	317,149		4,231,819

元帳表示　　元　　帳　　コード 6301 原価対象3

202X

日付	摘　　要		給付数	単位	科目CD・科目名		R-No	借　方	貸　方	残　高
430	バルブ	地場0.5K		金額	1610	材料費	30	250,000		250,000
430	総5,500個		500	個	3010	国内購買	41	3,970		253,970
430	総距離50		6	距離	3040	部品物流活動	48	45,118		299,088
430	加工		500	個	5020	加工活動	58	88,563		387,651
430	組立		500	個	5030	組立活動	61	44,422		432,073
430	検査		500	個	5040	検査活動	64	31,715		463,788

プロセス活動である加工活動、組立活動、検査活動と、支援活動は月次決算後では、それらの残高はゼロになっている。**図表 4-17** では支援活動であるシステム支援・コストの元帳表示である。元帳から表示されている活動の意義は、コンピューターシステムが生産活動を支援する目的を有して、人、物、サービスの経済資源を結合して価値増加をし、、加工、組立、検査の生産活動を支援して、他の活動への支援目的を達成すると価値消費してしまうのである。

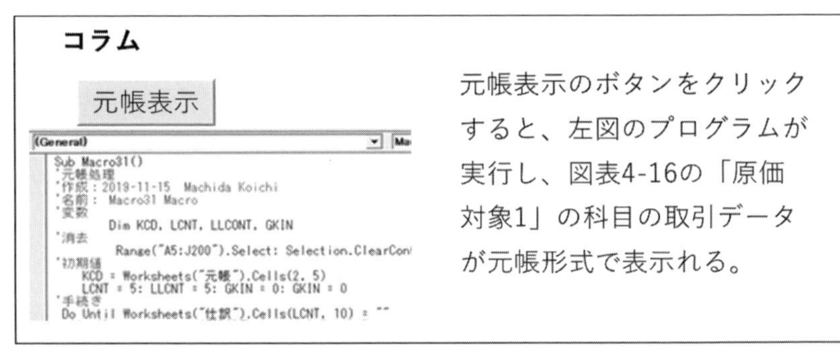

図表 4-17　支援プロセスの元帳表示

元帳表示　　元　帳　　コード 3060 システム支援

202X

日付	摘　要		給付数	単位	科目CD・科目名		R-No	借　方	貸　方	残　高
430	T社	4月測定	2	kw	1661	電力費	16	4,000		4,000
430	C氏	システム		金額	1641	給与手当	20	500,000		504,000
430	固定資産台帳	製造部門		金額	1681	減価償却費	34	100,000		604,000
430	ソフトウェア	システム		金額	1683	リース料	38	200,000		804,000
430	用紙等	システム		金額	1669	消耗品費	39	25,000		829,000
430	総30G		23	量	5020	加工活動	52		635,566	193,434
430	総30G		2	量	5030	組立活動	53		55,267	138,167
430	総30G		5	量	5040	検査活動	54		138,167	0

d. ドライバー・レートの能率検証と変動予算による活動評価

図表 4-18 プロセス活動の加工活動の元帳表示

元帳表示　　元　帳　　コード 5020 加工活動

202X

日付	摘　要		給付数	単位	科目CD・科目名		R-No	借　方	貸　方	残　高
430	T社	4月測定	50	kw	1661	電力費	17	100,000		100,000
430	固定資産台帳	製造部門		金額	1681	減価償却費	35	600,000		700,000
430	総距離50		29	距離	3040	部品物流活動	43	218,070		918,070
430	総100時間		60	時間	3050	保守活動	49	6,189		924,259
430	総30G		23	量	3060	システム支援	52	635,566		1,559,825
430	バリ取り			金額	1644	雑給	55	300,000		1,859,825
430	加工		5000	個	6101	原価対象1	56		885,631	974,194
430	加工		5000	個	6201	原価対象2	57		885,631	88,563
430	加工		500	個	6301	原価対象3	58		88,563	0

活動基準原価計算の特徴は製造間接費とされていたものに活動を措定することで、間接利用域であった活動の評価が可能になったことである。ABC システムによるプロセス活動の元帳の表示は適切に活動の本質を表わしている。**図表 4-18** は月次決算後の加工活動の元帳である。加工は動力としての電力、機械設備の減価償却、加工素材を運び設置、機械の調子をみたり消耗工具の取替え、NC で制御するシステム支援、NC 装置ではしない付着物の除去（マイクロ活動)、どれ一つ欠けても加工が完了しない。プロセス活動は活動目的を達成するために様々な経済資源が結合して価値創造をし、原価対象へ価値移転に従い価値消費するものである。

プロセス活動の原価対象への跡づけには、ドライバーを必要とし、この数値が仕訳帳の摘要欄に記載しておくので、元帳の摘要欄によりプロセス活動の給付数が明示されている。**図表 4-19** はプロセス活動を評価したものである。活動コストと給付数がわかれば、コストドライバー・レートがわかる。他の文献ではこのレート数値に未使用コストを考慮していたが、本書のように非付加価値を製造プロセスで識別してプロセス活動に含めなければ、他月との期間比較ができる。例えば先月このレートが@¥170 であったとすれば、約@¥7 円非能率であったことわかる。その原因はどこにあったかも、レコード番号(R-No)を利用して支援プロセスから活動仕訳まで遡れば明らかとなる。内部取引の番号によるトレーサビリティも複式簿記の優れた点である。

活動は変動予算により評価される。活動コストは固定コストと変動コストの混合コストである。NC 装置による加工活動は固定コストの比率が高比率を引いて求めることができる。変動予算で用いる変動コストと固定コストとの原価分解は 6 か月間の原価と給付数を最小二乗法によって求める。変動予算は原価分解による固定コストと 1 単位の変動コストを定めておく。**図表 4-18** の加工コストは 10,500 個製造したので、1,705,000(1,600,000+10×10,500)が変動予算である。加工活動の実際コストは 1,859,825 で、変動予算の 109%の非能率であった。検査活動は変動予算比 94%で、能率が良かったことになる。

図表 4-19 プロセス活動の評価

活動名	属性	借方	貸方	原価	給付数	レート	評価	固定費	変動費	活動予算
加工活動	主	1,859,825	1,859,825	1,859,825	10,500	177.13	1.09	1,600,000	10	1,705,000
組立活動	主	932,865	932,865	932,865	10,500	88.84	1.00	200,000	70	935,000
検査活動	主	666,014	666,014	666,014	10,500	63.43	0.94	500,000	20	710,000

ABC システムはコストドライバー・レート情報を提供して、能率の向上に寄与する。また、活動を変動予算で評価して、最も不能率であった活動を発見的に評価して、改善を促すのである。

e.販売の活動コスト

販売領域の活動原価計算の構造は製造原価計算の領域に比して、経済的資源と販売活動からなる活動センターである。本書が使用した製造活動の活動センターでは次の貸借平均の原理を確認できる。

総活動勘定の純増加額(¥8,045,000) ＝ 経済資源の総減少額(¥8,045,000)

純増加額(¥8,045,000) ＝ 活動借方(¥13,137,452) － 活動貸方(¥5,092,452)

図表 4-10 活動センターの勘定コードで示された、販売活動の勘定区分は経済資源の消費（販売）と販売活動費である。販売活動センターの経済資源の消費は損益計算書の販売費及び一般管理費の区分の費用である。損益計算書の販売費では、多くの顧客を間接費として扱わざるをえない。原価対象である顧客への給付を直接費化するには販売活動の勘定科目を措定する。

製造活動にはプロセス活動、支援活動、共通活動の活動属性があったが、販売活動では直接費化できる主活動と共通活動の活動属性とする。販売管理では販売直接費を把握して、個々の顧客自体の利益性を分析する事を主眼とする。

図表 4-20　販売活動と顧客原価対象の勘定科目の金額

販売活動

活動名	属性	借方	貸方
販売会議活動	販売AC	14,286	
販売事務活動	販売AC	100,000	100000
販売請求活動	販売AC	56,856	56856
販売促進活動	販売AC	19,000	
其他販売活動	販売AC		
荷造活動	販売AC	27,786	27786
配送活動	販売AC	14,286	
顧客指導活動	販売AC	46,786	46786
苦情対応活動	販売AC		

販売原価対象

活動名	属性	借方	貸方
新宿商事	販売CO	6,874	
渋谷設備	販売CO	40,135	
川崎建設	販売CO	65,808	
沼津設備	販売CO	13,661	
静岡設備	販売CO	13,661	
愛知設備	販売CO	10,202	
工場直売	販売CO	3,087	
合計		432,428	231,428
			201,000

顧客原価対象は個々の顧客である。この顧客原価対象の利益性は特定顧客の給付対価としての売上高とその顧客への直接コストを測定することである。顧客の販売直接コストは損益計算書の販売費を経済資源とする。販売費の中に直接コストと識別できるものもあるが、ほとんどか販売間接費と識別される。その販売間接費に対して、販売活動を認識することにより、さらに顧客への直接コストを識別することが可能となる。

図表 4-21 顧客原価対象の元帳表示

元帳表示	元　帳		コード 9105 川崎建設						
202X									
日付	摘　要	給付数	単位	科目CD・科目名		R-No	借　方	貸　方	残　高
430	請求書発行	25	量	8025	販売請求活動	18	13,935		13,935
430	荷造	1	個	8040	荷造活動	24	3,087		17,022
430	技術指導		金額	8060	顧客指導活動	29	46,786		63,808
430	運送費		金額	7721	業務委託費	32	2,000		65,808

図表 4-20 販売活動と顧客原価対象の勘定科目の金額にある経済資源の費消¥201,000 に対して、左図の販売活動 9 勘定を措定し、右図の顧客原価対象の 7 勘定の内部取引後の勘定科目の集計表である。顧客原価対象としての川崎建設の直接コストは**図表 4-21** で示されているように顧客の人名勘定の元帳で示される。ABC が顧客利益と顧客損失を識別できるのは、これまで販売充足や顧客へのサービスを活動単位を措定することで、直接費化して、顧客原価対象のコストと測定することで可能となった。

これまで請求書を作成し、顧客へ請求して、代金を回収する活動は顧客への直接コストとして認知されてきた。金融業ではバンキングシステムにより、預金者の口座コストと認識して、預金額の少ない預金者に対して口座維持費用を課す金融機関がある。製品の出荷には荷造活動が必要で有、人件費だけでなく段ボールや消耗品費を必要とする。活動とは様々な経済資源の結合であり、活動勘定を措定することにより顧客原価対象の項目が増えるのである。また、出荷には外部の運送業者へのアウトソーシングとして費用の直接コストがある。顧客指導活動は費用の直接コストである。顧客にバルブの取り付け方法を指導する事は顧客の取付不備による利用者の苦情回避となるが、顧客指導活動は人件費と交通費とで、顕著なコストとなる。

図表 4-20 の右図の顧客原価対象の 7 勘定の各元帳より顧客の直接コストとしての販売活動コストをグラフ表示すると**図表 4-22** のようになる。売上高と原価対象との差額は粗利益であったが、顧客原価対象の直接コストを含めて顧客粗利益とする。顧客粗利益は次の式により求めることができる。

顧客粗利益 ＝ 顧客売上高 － 製造原価対象 － 顧客原価対象

この顧客粗利益を利用した顧客粗利益率が低い顧客に対しては、顧客に給付した製品・サービスの対価の適正化を図る必要がある。顧客粗利益は見えざる損失顧客を浮き彫りにしてくれるのである。

図表 4-22 顧客原価対象の顧客別販売活動コスト

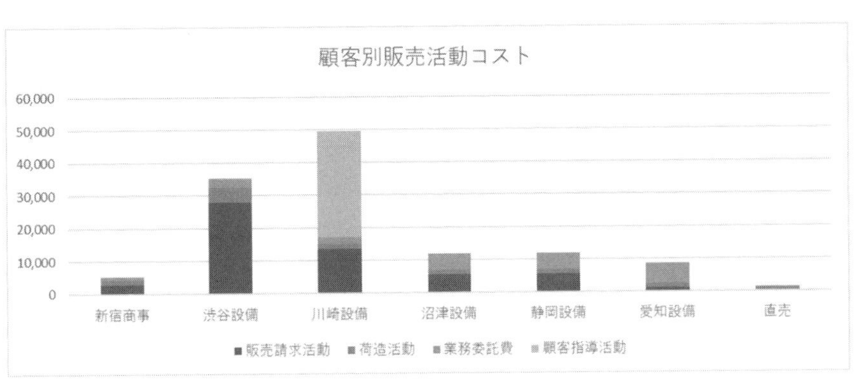

粗利益から営業利益に至るまで、直接費化できない項目が多々ある。販売促進活動はマーケティングである。販売促進活動の評価は顧客のリピータ率、新規顧客の増加率などが有効数値である。販売活動コストに移行しなかった費用が損益計算書の販売費及び一般管理費の中にある。損益計算書の費用も価値を生み出し、そのコスト削減する取組みが期待されている。

第 4 節　ABC システム情報の有用性

a.原価管理と統制

経営管理の基本は PDCA である。この節では ABC システムによる情報が管理統制の計画性と実行・評価・改善とに有用であることを、慣行的予算統制と勘定系 ABC システムの情報を対比して論ずる。

予算は金額で表わした計画と言われている。損益計算書予算は統合予算と言われ、その予算を構成する販売予算と製造原価予算は個別予算と言われている。予算書で利用されている費用は、資金支出を伴っているので、資金という資源で経営活動を統制するものである。

統制技法としては、設定した費目の予算額に対して、実際の費用額がいくらであったかとの予算差異を分析し、その差額か不利差額であると、その不利差額原因を探求して、改善活動を促すものである。

慣行的予算は固定予算でボリュームの変化に対応して、適切な評価ができない。これに対して、ABB は活動のドライバー・レートを変動予算として評価している。ブリムソンは ABB の視点から、予算の欠点をつぎのように示している[8]。

・価値創造を支援していない
・前期の実績に恣意的な比率を適用しての表計算行為である
・産出よりも投入に焦点を当てている
・変化を生じさせている生産と顧客とを識別していないで、理解もしていない
・継続的改善を支援していない
・事業プロセス改善よりも原価センターに焦点を当てている
・成長期にコスト管理をしない
・予算すれすれで、業務をすすめる
・活動である作業を考えない
・事業プロセスを財務的報告書に提供しない
・サービスの水準を識別していない
・無駄を識別していない
・予算管理を経済的価値と戦略に結び付けていない
・未使用設備能力に焦点をおかないで、固定費と変動費のみに焦点をおいている

「価値創造を支援していない」、予算は次年度の収益と費用を設定することにある。ABC は給付価値創造に対する資源消費である。原価活動で生じた付加価値は利益の源泉となっている。「前期の実績に恣意的な比率を適用しての表計算行為である」、予算の策定方法に予想売上高から獲得利益を引くと予定費用の総額が定まる。損益計算書の構成比率を各科目の予算金額に割当ると予算が求まる。そして、表計算ソフトを利用すると、費用計算当期の予算差異を参考にして金額を上げたり下げたりすると、直ちに合計額を更新する。ABB は内部取引を測定して、会計期間後に変動予算と比較する。

「産出よりも投入に焦点を当てている」、予算は業務執行者に資金使用限度額を付与するものである。業務遂行者資金を使い過ぎることもできないし、使わなければ仕事をしなかった事に通じる。ABCは産出するドライバー量を上げようとしている。

「変化を生じさせている生産と顧客を識別していないで、理解もしていない」、予算は次年度のものであり、執行期間では前年に予算策定されたものである。性能の良い機械の出現、消費トレンドの変化を次年度予算に織り込むことはたやすいものではない。ABBでは月次で能率をみて、改善、変革を常としている。

「継続的改善を支援していない」、予算は費用がベースで外部の利害関係者との取引に依存する。ABC/ABMは諸資源の結合で製造活動をするので、資源の選択肢が多くあり、またプロセスも可視化しているので、改善とリエンジニアリングを推進しやすい。

「事業プロセス改善よりも原価センターに焦点を当てている」、予算は原価センターを措定することにより、原価センター内で従事する階層の責任を明示する原価金額を提供する。

「成長期にコスト管理をしない」、事業のサイクルは、成長期、持続期、収穫期とあるが、成長期はより沢山作れば原価が下がると考えている時期である。ABCでは、もし、製品の売れ残りがあれば、非付加価値に区分される。

「予算すれすれで、業務をすすめる」、予算は決算期末が近づき、予算金額の残高があると、使い切ろうとする傾向がある。使い切ることが、次期の予算獲得につながると思われている。ABCは活動本位で、活動の必要性に応じてコストが発生する。

「活動である作業を考えない」予算は費用金額の差異で評価する。ABC/ABMは活動のドライバー・レートで評価する。

「事業プロセスを財務的報告書に提供しない」、予算書で用いる損益計算書予算、製造原価報告書予算では費目分類の視点であり、製造プロセスは明らか出ない。ABCシステムの勘定一覧表では支援プロセス、主要プロセスが表示されている。

「サービスの水準を識別していない」、販売予算では顧客へのサービスは総て間接費であり、そのサービスは顧客ごとの売上額を基準にして配賦するとかの方法であった。ABCではサービスを活動と措定することで、顧客への直接コスト、共通コストと識別できる。サービス業のABCが発展している。

「無駄を識別していない」、予算は必要であるからと思って、予算を付けて機械を購入する。機械を購入してみると多用されずにねやがて工場の片隅に置かれて、減価償却費のみの無駄な機械となってしまうことがある。ABCは機械のように目で見てわかる無駄は非付加価値勘定で測定される。作業員の手待ち、機械の停止などの無駄が発生すると、コストドライバー・レートに跳ね返る。

「予算管理を経済的価値と戦略に結び付けていない」、予算策定前に、組織は経営資源を考慮し、自社の強みを発揮できるように経営戦略を立案する。経営戦略を具現化するものとして BSC(balanced score card)が知られている。BSC は 4 つの各視点に KPI(key performance indicator)を措定する。この KPI を業務担当者が目標とすることで、組織が戦略実現の道を歩むこととなる。ABC/ABB/ABM を導入することで業務活動がコスト戦略の起動に乗る。月次で測定されるコストドライバー・レートの数値が悪ければ、直ちに改善行動がとられる。リエンジニアリングの対応をすれば、さらに競争力が高まる。従業員の活動を評価する定量が、そして、従業員達が受容できる評価を提供することで、ABC はコスト戦略を実現する用具である。

「未使用設備能力に焦点をおかないで、固定費と変動費のみに焦点をおいている」、原価を固定費と変動費に原価分解して、これまで管理に役立ててきた。変動費は代替案を見つけてより効率的なものに移行する。固定費は製造量を増やすことにより生産費を逓減する。今日、多品種少量生産に対応する業種が増えている。こうした業種では未使用設備能力が顕著となっている。ABC は未使用設備能力は非付加価値と識別している。この解消には業種企業間ネットワークである。ABC の活動は固定費と変動費の混合費である。この活動プロセスを改善を主眼にしている。ABB では活動結果の評価方法として固定費と変動費をもちいるだけである。固定費と変動費を主要な管理として、造り過ぎや、安く品質低下の生産を導かない。

b.価値創造と戦略的計画

勘定系 ABC システムは**図表 4-23** で示しているように、原価管理の意思決定に有用な特性と合致している。この図の右側はデータ特性であり、左側は情報特性である。データには高い信頼性がないと、正しい意思決定を導くことが困難となる。信頼性のあるデータは検証可能性として、専門知識のある人同士でチェックし合うことである。さらに、上級管理者のチェックが加わると、信頼性が高まる。さらに、上級者間ではそれぞれ独立した立場で判断することが望まれている。表現の忠実性はありのままに仕訳することで、何を何に費消したかを仕訳することである。企業には様々な利害関係者と関わり、中立性はこの処理を税金用に、銀行用に、顧客用にと、作業員を念頭に置いたり、管理者を念頭に置いたりとしないで、会計そのものに立脚して、データ作成をする。

図表 4-23 会計情報を有用にさせる特性

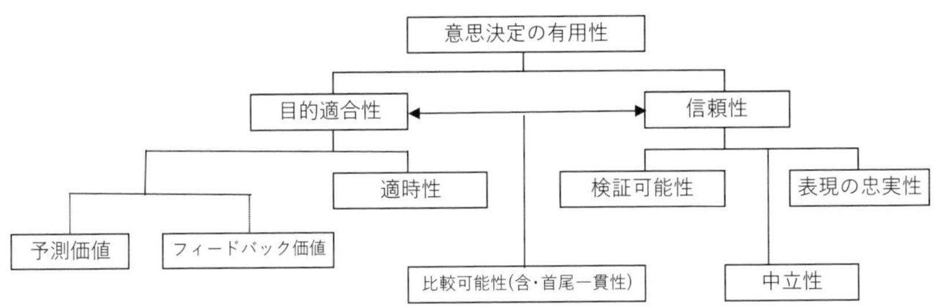

出所）平松一夫・広瀬義州訳『FASB 財務会計の諸概念』中央経済社、1999、77 頁、図一部を抜粋。

目的適合性は情報の意味である。原価管理をするには原価管理の目的に適合したコンテンツが情報である。ABC/ABM/ABB はプロセスの活動をコストドライバー・レートで評価する。部門費の金額だけでは生産能率が高かったか低かったかは分からない。多く製品を製造すればその部門費は高くなるし、少量生産ではその製造費用は低くなる。ABC/ABM/ABB のレート数値が高くなれば能率が悪くなったことを示、その改善を促す。

ABC システムを用いると、原価管理に有用なコストドライバー・レートは月次で求める事ができる。この適時性と、予測価値に変動予算を設定し、資源の投入とそのドライバー・レートで管理過程をつくり、情報の有効活用をする。

ABC システムに付加価値勘定を設定して、測定することで、比較可能性を確保している。慣行的な原価計算では繁忙期の製品原価に比して、閑散期の製品原価は高くなる。この原因は未使用能力費が閑散期の製品原価に重くのしかかるからである。この未使用能力費を忠実に非付加価値勘定として測定することで、活動コストと原価対象の比較可能性が確保される。また、比較可能性のある原価情報は意思決定の目的適合性も有する。

勘定系 ABC システムは上述のように、管理に有用な情報を提供する。この原価情報を組織の持続可能性を維持するするには長期計画を設定すると同時に、計画を有効に評価する方法を備える必要がある。経営分析においても長期の評価は趨勢法が用いられている。**図表 4-24** は ABC 情報の戦略計画の評価測定で、長期計画の評価には 2 か年以上の諸活動のドライバー・レートの測定値を必要とする。長期計画の評価には 5 年間の趨勢を分析することが望まれているので、ABC システムのデータは 5 年間の保存をする。

図表 4-24 ABC 情報の戦略計画の評価測定

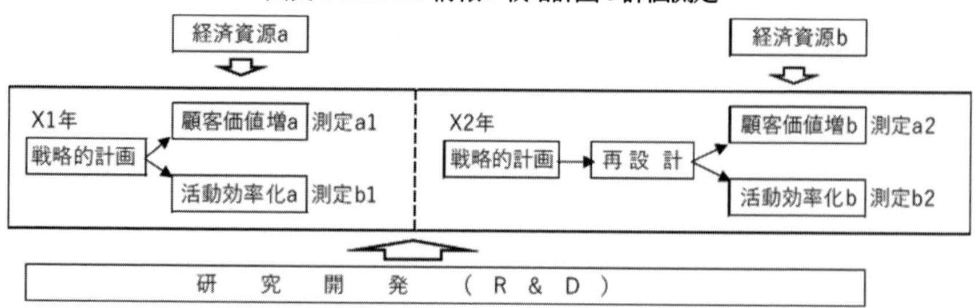

c.顧客価値の増加

ブリムソンは顧客の製品概念について、「販売対象となる市場セグメントごとに、製品コンセプトを開発する必要がある。製品コンセプトの重要な要素は、製品の機能、テクノロジ、配送、およびサービス目標に関する顧客の期待を反映する特性を含んでいる。」p67 と。市場セグメントは気候、地域、国別では文化、政治、宗教や風習の違いで、ある市場で売れていたも他の市場では顧客が受け入れてくれない製品がある。製品の機能を高めた製品にはウォークマンがあった。これは持ち運びできる割には音質が良かった。テクノロジの製品には携帯電話に比してスマートフォンがインターネットが容易にでき、また、アプリを取り込み様々な利用ができるようになった。衣料品にも冬は暖かいもの、夏はクールとなる機能のあるものがある。配送は宅配利用で翌日に届き、利用者の自宅まで届くようになった。製品は売りっぱなしでなく、設置や、利用ガイドのサービスも付加する業者が出現した。

顧客価値は財・サービスに対して、その受け取ったものが、支払い金額以上に、顧客が価値を認めるもので、顧客価値と支払金額との差額は顧客利益であり、主観的価値である。顧客利益が高ければ高いほど、顧客満足は大きい。顧客満足は、前述の顧客の社会的性向に加えて個人的な顧客の嗜好、趣味、利便性、所有満足などがあり、顧客ターゲットを措定して、かれらの傾向を把握することが大切である。この顧客満足を高めようとする販売努力が、売上高増加につながるので、過去の趨勢のうえに、この努力効果を上乗せすして売上予算となる。

d.活動のワークロード評価

製造活動の原価形成は活動とプロセスであるが、それらには階層があり、下位階層が原因となって、上位の原価を形成している。ブリムソンは「活動の主な機能は、資源を産出

(製品またはサービス) に変換することです。たとえば、製造エンジニアリング部門の主な活動には、部品表の開発と保守、能力調査の実施、プロセス改善の提案、ツールの設計などがある。」[9]と、活動の下位階層にはコストを伴う作業過程がある。

コストを伴う作業活動は、1つ1つの作業が製品に向かって結合して、給付価値を形成している。よって、1つ1つの作業がコスト対効果が高いかが価値増加に関係しているので、作業自体が予算に影響している。活動の下位階層にある作業、この作業量がワークロード (workload) であり、ブリムソンは「組織がABBを作成するとき、いかなる事業プロセスに対しても部門が活動をする顧客に由来する、事業過程のワークロード (workload) で始めなければならない。」[10]として銀行の融資部門のワークロードの事例を、次のように示している[11]。

産出 (融資件数予算) に焦点を当てることにより、ABBはワークロードを予測するのに使われる。かくして、より効果的にそしてより正確に有意義な予算を生成する。給与、手当、場所、備品、消耗品や電話の予算化を示します。

「電話問い合わせ回答」活動を予算化する

融資担当部門で扱う最初の活動は「電話問い合わせ回答」です。融資担当者はこの部門は1件の融資契約を取るために平均3件の問い合わせがあると見積もっている。この融資1件当たり、3件の電話問い合わせの仕事ルールは住宅ローンでも自動車ローンでも同じである。

この事例として、給与課管理者と融資担当者は、融資係は休暇、休日、病欠を除き1年平均2,000時間であろうと見積もった。

2,088時間(年261の出勤日×1日8時間)+96時間(未払残業)−80時間(休暇)−80時間(休日)−24時間(個人都合/病欠)=2,000 時間(1人当たり予算)

では、この融資部門が「電話問い合わせ回答」活動をするのに何人が必要ですか。この活動を予算化するために、融資担当者はある仕事ルールを定めている。

1.合計のワークロードを計算する (つまり、扱いを期待する全融資件数)

400 標準住宅ローン

100 大型住宅ローン

500 自動車ローン

1,000 ローン

2.「電話問い合わせ回答」活動への全ワークロードを明らかにするために、1ローン当たり3件の問い合わせの平均に全ワークロード（つまり、1,000ローン）を掛ける。

1,000ローン×3電話問い合わせ＝3,000電話問い合わせ平均の電話問い合わせは融資係が回答するのに15分を必要とする。1件の問い合わせ当たり平均15分は45,000分を必要と見込むので、3,000件の電話問い合わせである。それで、電話問い合わせに回答する融資係750時間を導くためには、1時間当たり60分で45,000を割る。（原文には750時間を導く計算あるが省略、以下同様）

ここで、「電話問い合わせ回答」へのワークロードは750時間であることを決定した。正規雇用のローン係は年平均2,000時間とすでに記した。この係は給与手当で年40,000ドル稼いでいる。従って、係の給与手当は時間当たり20ドルである。

ローン係は給与手当に、時間20ドル稼ぐと計算したとすると、「電話問い合わせ回答」活動の予算を計算できる。この計算をすると、給与手当の1時間当たり20ドルの賃率に「電話問い合わせ回答」活動の750予算時間を掛けて、この活動給与手当の予算15,000ドルを導く。かくして、「電話問い合わせ回答」活動に15,000ドルと予算化した、活動予算を設定した。

活動は様々な経済資源そのものと、それが結合した作業とが結合して、その活動を演じる。ワークロードは活動の下位構造にある作業の消費量で、ワークロードを予算化の基礎におくことが必要とそれる。予算化にはワークロードの金額評価が必要であり、内部取引の仕訳データから情報処理をする、勘定系ABCシステムは活動元帳を集計したその項目に、業務と経済資源の消費金額の情報とを提供している。

第5節　未来予算の技法

前節では勘定系ABCシステムとその機能を述べた。加速度的に変化する産業社会に対応する組織にとって、未来への経営が最も大切である。この推進は創造的取組みが不可欠である。どの取組みが良かったかの評価をABCシステムの各勘定を変動予算で評価する。未来予測するのに、数式モデルには必然性があるが、現実がその通りになるとは限らない。そこで、不確実性があっても、内と外の資料、現状から未来への趨勢を見極めて、計画設定である未来予算を作成することが望まれている。

ABB の中心は活動予算である。活動はプロセスを形成して原価対象予算を決定づける。活動の未来予算は改善とリエンジニアリングにより、価値増加と原価低減を目指すものである。ブリムソンは事業活動の改善技法に 5 つの手法があるとして、次の項目を示している[12)]。

1.原因と効果を決定する：コストドライバー/根本原因

2.顧客ニーズを決定する

3.創造的思考を適用して解決法を決定する

4.事業プロセスと活動を再デザインする

5.新しく再デザインされたプロセスを管理する

この 5 つの項目を図示したものが、**図表 4-25** 事業の活動とプロセスの改善技法[13)]で示されている。次に、原因と効果の決定、顧客ニーズの決定、上記項目 4 と 5 を作業プロセスの再設計とその管理として、最後に 3 の創造的思考と問題解決法を論ずる。

図表 4-25 事業の活動とプロセスの改善技法

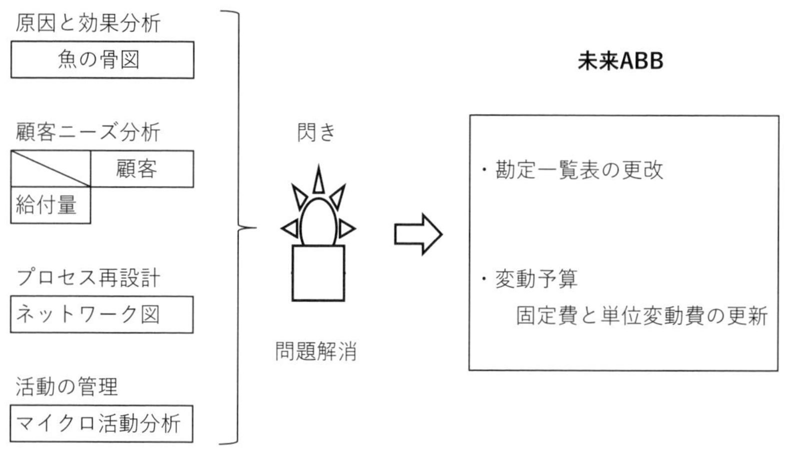

出所）J.A. Brimson, J. Antos, *Driving Value Using Activity-Based Budgeting*, Wiley, 1999, p.155.を参照し、筆者が未来 ABB を付け加えて作成した。

a.原因と効果の分析

原因と効果を分析する用具に魚の骨図（fishbone diagram;フィッシュボーン・チャート）がある。この図を活動分析に応用すると、**図表4-26**のようになる。活動の効果に影響するものは、その活動を支援する活動、その活動の下位階層にあるワークロード、または資源からのマイクロ活動がある。これらの作業が総合されて、活動ドライバーレートに効果を及ぼす。

素材を国内での調達品を使うか、海外からの輸入品を使用するかで加工活動ドライバー・レートに影響する。加工機を1台を利用するか同時に2台利用するかで活動のレートに影響する。不良素材を加工してしまうと、製品として使えない上に、加工コストも加わり、効率悪化の原因となる。機械保守にも、切削の刃の交換を怠る、刃の取り違いをするとかで、不良品が発生すると、能率低下の原因となる。上級管理者が活動の予算金額と実際額だけを見ても、能率低下の原因まではわからないだろう。もし、加工機が壊れて操業できなくなれば、だれの目にもコスト増加となった原因がわかる。

図表4-26 魚の骨図による原因・効果分析

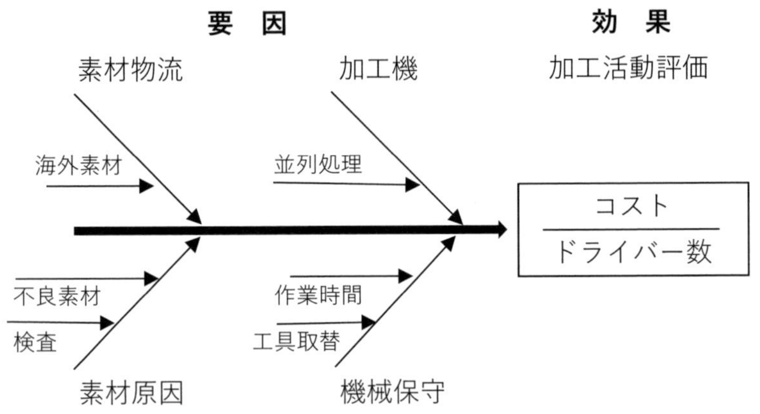

b.顧客ニーズ探索

売上予算の計画はマーケティング活動にも依存するが、実際に売上高に影響する要因の顕著なものはなんであろうか。ブリムソンは「使われた技法に関係なく、現実的数値を発展する基本的要素は顧客の声を聞いたり理解することにある。しばしば、コストと利益の

情報は 計画プロセスの段階で導かれる。コスト情報は、顧客ニーズを不完全な理解に陥る、市場分析にしばしば偏っている。むしろ、製品・サービス概念は、コストに関係の無い、顧客が要求する価格、品質と機能の観点から定義されるべきである。顧客の明示的で暗黙的な欲求を理解することが目標である。」[14]と述べている。

顧客ニーズ探索に、**図表 4-25 事業の活動とプロセスの改善技法**の左側の顧客ニーズ分析のマトリックスが有用である。このマトリックスをバルブ業に適用したのが、**図表 4-27 顧客ニーズを探るマトリックス**である。縦の行には、自社の製品種類、製品性能、配送、PR(public relation)方法の項目を記し、列には顧客名を記し、そのセルには販売量を入力する。顧客はどのタイプバルブが使いやすいか、農業用の制水ベンで、性能よりも安価なものを望む、少量多品種を頻繁に注文するので、宅配を願う。セルの販売量は顧客ニーズの量を示している。その定量に対する定性による把握は営業員の知るところである。しばしば、組織では、営業員の顧客情報が上級管理者に届かない。また、経営者の経営戦略が階層の下位まで届かないといった、情報の非対称という現象がある。未来予算を戦略計画のトップダウン、下位の業務従事者からの予算策定参加で、情報の非対称が解消する。

図表 4-27 顧客ニーズを探るマトリックス

種類 性能 配送 PR	顧客名	a 商事	b 商事	c 設備工業	d 設備工業	e 設備工業	f 建設	g 建設	h エンジニア	i プラント	j 工業・新規	k 工業・新規
	規模	大	中	大	中	小	大	中	大	中	中	中
ゲートバルブ												
グローブバルブ												
バタフライバルブ												
耐高圧バルブ												
安価・プラスチックバルブ												
自社配送												
宅急便・コンビニ支払												
自社ホームページ												
ダイレクトメール												

行の項目に対する販売量の低下は危険なシグナルである。他社で改良したバルブ製品を販売したために、販売量が減ったか、保守サービスの低下で販売量が落ちたか。もし、これらの兆候が現れたならば、リスク回避の対策を必要とする。

c.作業プロセスの再設計と作業プロセスの管理

原価対象は主要プロセスから構成されている。主要プロセスを構成する諸活動も作業プロセスから構成されている。この作業プロセスはマイクロ活動が構成要素である。そして、作業プロセスのマイクロ活動のコストが主要プロセスの活動コストを形成する原因である。

図表 4-28 作業プロセスの改善

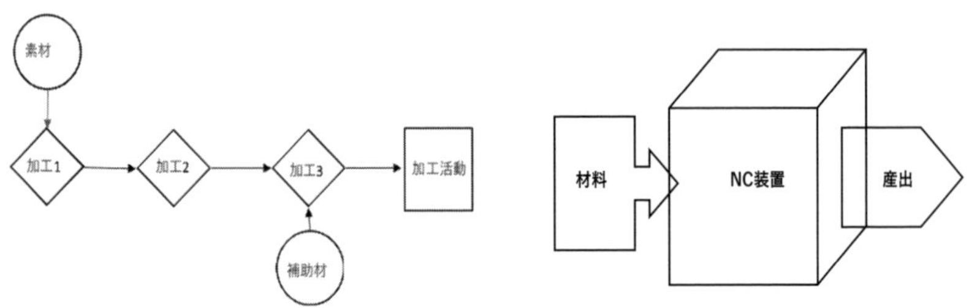

図表 4-28 は加工活動の作業プロセスで、バルブの素材、管の接続規格に合わせて、加工 1 でバルブの内径をくり抜く、加工 2 でバルブの操作用に内径の穴をあける、加工 3 でネジ山を削る。現状では 3 台の機械で作業している。この加工 1 と加工 2 の内径を規格に合わせて削る作業を 1 台の機械装置で行うと、**図表 4-26** の右側にあるプロセス再設計へとする。材料をセットしておくと、1 日に 24 時間、1 年 365 日稼働可な装置となる。装置の開発費は高額であるが、生産性が極めて大きいので、加工品の単価は大幅に削減する。この原価改善方法がリエンジニアリングである。

d.活動の管理

図表 4-29　活動を構成する作業・資源消費

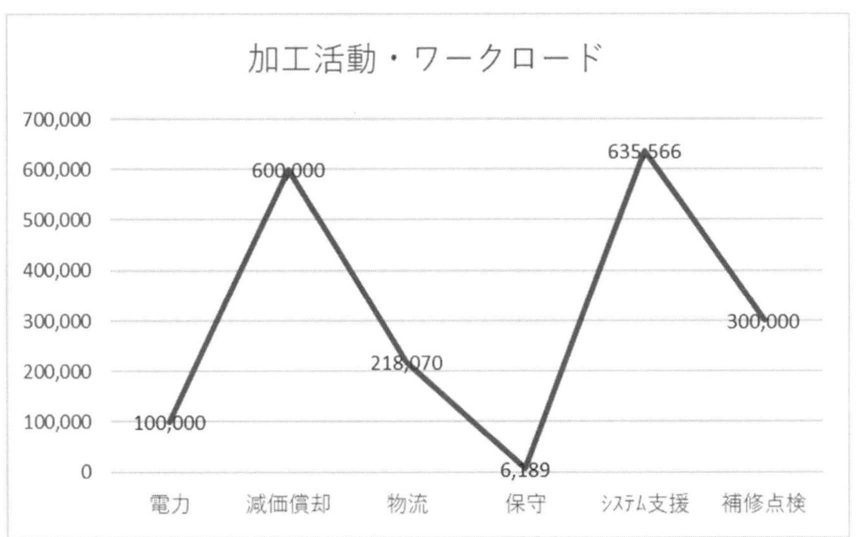

勘定系 ABC システムは活動勘定を、**図表 4-18 プロセス活動の加工活動の元帳表示**のように加工活動の作業活動と加工活動に付加された経済資源を集計する。**図表 4-29** は加工活動の作業に消費された項目をグラフ表示したものである。マイクロ活動は「跡づけシート」の適用項目の金額と給付量であり、これが仕訳に展開されて、活動勘定の明細行で示されている。

図表 4-30　プロセスを構成する活動階層

階層名	原　　価	給　付　数
原価対象	プロセス合計額	製造量
活　動	コストプール	コストドライバー
作　業	作業コスト	ワークロード
資　源	消費金額	消費量

給付件数

文献にはマクロ活動とマイクロ活動の言葉があるが、特にマイクロ活動の論述は少ない。本書では、活動のを構成する作業プロセスの活動をマイクロ活動とする。**図表 4-30** は主要プロセス、作業プロセスを構成する活動階層を示したものである。マイクロ活動は主要プロセスの活動数より遙かに多いい。活動基準原価計算の原則には、活動単位は多く措定しないしというのがある。勘定系ABCシステムは適用欄にコストドライバー数、ワークロード数を記入することで、マイクロ活動の測定評価を可能にしている。マイクロ活動の事例として車のタイヤの取り付け作業がある。ボルト口にタイヤをはめて、ナットを締める作業は1つ1つ手で締め付けるのは大変である。ナットの取り付けに電動レンチ回しを使えば、労力をかけずに早く付ける事が可能となる。さらに、このナット4個を取り付ける工具があれば、その工具にナット4個をセットして、1度で取り付けることが可能となる。ナット1個取り付ける作業で5個を取り付け可能で、車1台ナット16個取り付ける必要があるので、かなりのコスト削減を見込んで、次期の作業コストとする。ブリムソンは予算策定前に、プロセス改善を折り込む視点として、つぎの項目を示している[15)]。

1.可能な箇所の事業プロセスと活動量を減らす。

2.非付加価値である活動、仕事、距離を排除する。又は、付加活動を支援しないこと。

3.顧客、納入業者、他のコストセンター・部所との活動を調整する。

4.可能な箇所の活動を自動化する。

5.内部の方式を改善する、又・あるいは、活動が行われる順序を代えてみる。

6.事業プロセスと活動の単位当たりの現行コストで始め、それから、活動と各活動に含まれている仕事を見直すことにより、個々のコストカテゴリー(例えば、賃金、消耗品費等)に戻してしまう。

e.創造思考・問題解決法の決定

・創造思考とカント批判哲学

理性は範疇を措定し、その範疇内の必然性を獲得すると、その必然性に人間が支配されてしまう。あらゆる状況に妥当する特定の範疇はない。それ故、問題状況を少しでも解消するために、別な範疇を探索し続けるのである。伝統的原価計算は、製品原価を算出するために、資源消費を直接費と間接費の配賦計算で求めていたが、その製品原価の計算値も信頼性を喪失してしまった。活動基準原価計算は製造プロセスを構成する活動を原価の本質である給付対応の原価の概念で接近したものである。批判哲学は活動それ自体も従来の活動で良いのかと、その発展を促している。

カントの批判哲学は既知の概念に対して不可知の領域、この広大な領野を示唆している。この遠方を表現したのがヤスパース(Karl T. Jaspers)の説く包括者である。この近場を表現したのがポランニー(Michael Polanyi)の暗黙知である。知識創造は暗黙知を言葉に表したものと言われているように、生産従事者の足下にある課題を「如何に価値消費を少なくして、如何により価値を高めるか」を言葉で表現できるのが閃き(電球が光る)である。

・問題解決を導くネットワーク思考

ネットワーク思考は、自発的で、共通なコンテキストを有する人と人とが関わる場があり、醸成されるものがあると「花と蝶」の関係になり、ネット関係を断ち切ってしまうと不自由となってしまうものである。インターネットの発展はネットワーク関係を支援する基盤に過ぎない。だが、インターネットは世界の隅々にまで、情報を媒介するメディアであるので、その影響力は計り知れない。

効率よい生産活動は自社にも解決の糸口があるが、同業他社の取組みの方が問題解決の方途を発見できる。さらに、異業種との交流の方がさらに知識創造ができるというのがネット関係である。自社内においても、ホーングレンが示した第1章の**図表1-3**の組織の価値連鎖の各部門のネット関係が深まることにより、有効性のたかまる組織となる。また、納入業者と自社の顧客とのネット関係の深まりも重要で、その過程で価値創造が生じる。バーナードの協働システムは企業と顧客とが相互依存しているとし、ネット結合点の深さを指摘している。

管理過程のPDCAも4機能の循環ネットである。この管理過程で実施後の改善活動が強調されているが、次年度の活動予算が戦略計画の具現化を目指すのに大切で、計画予算を指揮する管理者も併せて大切である。上級管理者はさらに数年先を洞察することが組織の継続性に大切である。**図表4-31**は新製品の販売促進活動であるが、1年目の売上増加への寄与は少ないかもしれないが、数年先に効果が出ることがある。また、業務変革を試みると、導入直後の移行期には能率低下を招くかもしれないが、原価低減効果はその後永らく続くものである。長期予算のローリング法では、過去の予算は中断して、毎年新たに3年後までの予算計画を立案する。

・訓練と学習

作業員の失敗は、多大な非付加価値を生じる。新しく職につく作業員には技能訓練、そして、作業の習熟の期間を必要とする。また、失敗事例は、全作業員が非付加価値を生まないための共通知識であり、失敗に学ぶ機会を必要とする。作業の監督者は作業員への指揮と作業の指導ができる必要がある。作業指示の不手際で手待ちを生じることがある。指導不足で行員が手抜き作業をしてしまい、不良品となるリスクを内包することになる。設計

図表4-31　販促と業務変革の趨勢

新製品のプロモーション活動

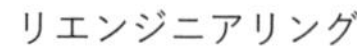

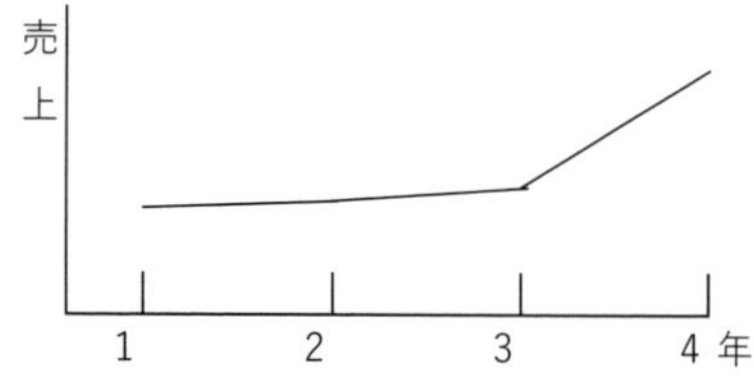

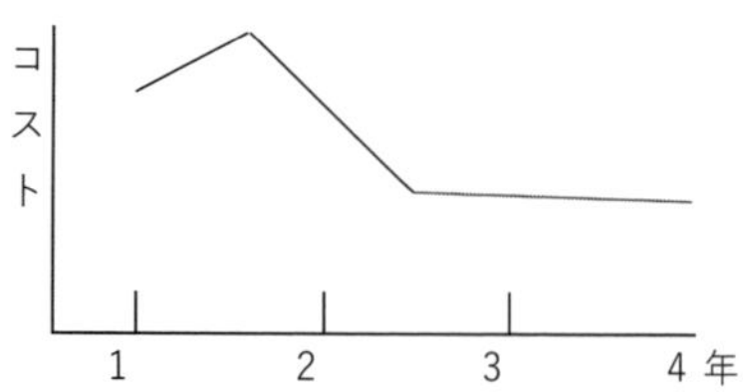

者は絶えず、能率を高めるシステムを考えて、原価低減と作業員の仕事が軽減する設備へと導く。5年も経ると、社会の進歩に適応して別工場のように変えるのに、全社員の学習が不可欠である。また、組織の将来を見据えての活動がR&Dで製品のライフサイクルの衰退期には、R&Dによる新製品の原価企画が重要な役割をする。

組織の環境適応は未来ABBに反映させる。製造活動の変更は勘定系ABCシステムの更新にも作用する。プロセス変更は勘定科目一覧のファイルの項目を削除か追加をする。諸活動の評価は固定費を予測値に変更する。そして、単位変動費の予測値に変更するだけである。

マイクロ活動は取引データで扱われるので、摘要に活動と給付量を小書きとして記載することで対応する。マイクロ活動を子活動とすれば、この給付先は親活動であり、親活動で評価されよう。

小　括

給付に原価を対応する原価計算の本質は、製品・サービスの価値創造を給付として、製造活動をコストとドライバーの両義で認識した活動基準原価計算の理論で形成された。原価管理は組織を効率化・有効化する営みであるが、伝統的原価計算は利用目的に適合しなかった。活動基準原価計算の考えは原価管理の目的に適合している承認されているが、活動基準原価の測定は困難を極めていた。本章は歴史ある複式簿記を改良し、コンピュータ・システム化することで、活動基準原価の測定を容易にした。また、サービス業務を活動基準から顧客の利益性を識別した。複式簿記の仕訳が膨大にあるマイクロ活動を扱える。元帳の活動勘定が活動プロセスを、給付対象を表示する。勘定一覧表でABBの変動予算と活動評価をする。こうした複式簿記の情報処理能力に筆者は驚きを隠せない。本研究が

ABC/ABM と勘定系 ABC システムが連携して、組織の利益を増加し、資金を増加し、資源消費の削減をし、組織と地球環境の持続可能性に貢献することを願う。

注

1) Lianabel Oliver, Designing Strategic Cost Systems; How to Unleash the Power of Cost Information, Wiley,2004, p.49.

2)Mohan Nair, Activity-Based Information Systems, Wiley, 1999, p.12.

3)Ibid., p.23.

4)Ibid., p.14.

5) 会計情報システムによる会計処理は、拙著『コンピュータ簿記会計』創成社、を参考のこと。

6) C. T. Horngren, S. M. Datar, M. V. Rajan, Cost Accounting, PEASON, 2015, p.185-187.

7) Ibid., p.189. 番号は説明しやすいように筆者が付した。

8) J. A. Brimson, Driving Value Using Activity-based Budgeting, Wiley, 1999, pp.16-17.

9)Ibid., p.104.

10) Ibid., p.109.

11) Ibid., pp.110-111.

12) Ibid., p.155.

13)閃きの参考になるので、ブリムソンの閃きステップを次に掲げる。出所は次の通り。
Ibid., pp.158-159.

・自分のしている活動と事業プロセスに関する仮定を課題とする。社員達は本当に現在の水準を求めているか。他の人が現行の製品・サービスを提供できると思いますか。活動が行われている場所を変えられると思いますか。給付の部分を何処か他の場所ですることが可能と思いますか。

・如何に他企業が自らの活動をしているかを見るために、自社企業外を見てみなさい。ある企業の活動は自社に関連していないかもしれないが、他社の事業活動とプロセスの背後にある原則は適用できるかもしれない。

・他社の部署、事務所、製品・サービスと事業部門を知覚してみよう。あるパターンは自社の部門に変換できると思う。

・他の部署や他の部門と繋がる。この関係は将来利用されうる。

・納入業者、納入業者のサプライヤー、顧客、その顧客の顧客と間でネットワークを構築する。

・失敗をしてしまう。この失敗を隠すな—この失敗を訓練用具として使う。しかしながら、使用するがために、従業員の感情とモラルを犠牲にしない。

・担当する活動またはプロセスを後ろからか途中からかで行ってみる。この作業過程は開始された所どこでも作用するはずと思います。

・思いついた切っ掛けを設定する(資料、提案箱、顧客アンケート、従業員フォーラム)。

・スーパーマン(男・女)を生む。

・製品、活動、サービス、事業プロセスとなる。自分自身各段階をたどるように想像する。どこで、どのようにプロセスを代えようと思うか。

・前向きな将来ビジョンを用いる。従業員と顧客の両者に将来計画を述べる。強調すれば、落ち込まない。活動をしている現在の方法より、達成したい産出の要点を掴む事の活動説明を用いる(「業者に小切手を振り出す」との活動を記述する代わりに「業者に報いる」と言う)。達成しようとしている結果の本質(業者に報いる)を捉えることは、自分の考えを他の可能性へと広げます。

・枠組みの変換を。定型を壊して、作業の流れの型へ移行する。

・全てのものに質問を。過度の好奇心は決して傷つかない。多年に渡り最も効果的な方法であると、あるプロセスが一方的に実行されてきただけの理由を仮定しない。

・自社組織の内と外との事業プロセスの境界を変える

・顧客と従業員を扱うとき、肯定的強化と同じように重要なことは、肯定的言語と言葉の使用です（喜び、満足、結合、変更、喜び、反転、拡大、最小化、置換、再配置、回転など）。肯定的言葉は関係を強める。

・「別もの」を雇う—これは別な人、サービス、場所又は事をしようとする。

・決して責めない; 学習と向上に焦点をおくこと。

・工場以外で、又・あるいは、事業に関わらない考えの雑誌を、少なくとも1冊読むこと。

14) Ibid., p.66.

15) Ibid., p.165.

結語

日本の原価計算基準は原価の本質は記述しているとは言え、当時の慣行的な原価計算を基準化したものであった。当時、会計の客観化を目指して会計基準が生まれたが、原価計算基準は貸借対照表の評価に貢献をした。会計基準の客観化は利害関係者を調整する社会的役割は多大であった。その後、産業界の機械化、フレックシブルな製造設備化で間接費が増加した今日、製造間接費の配賦計算による製造原価は目的適合性を喪失してしまった。

計算手続きもコンピュータが発達し、もはや基準の「実際原価の計算」も改定の時期が来た。パスカルの言葉を借用すれば、基準は改定するために作るものである。1980 年代に生成した活動基準原価計算(ABC)は発展を重ねているが、原価対象の評価と間接費の活動基準による直接費化で、原価管理の目的適合性を回復したと言えるであろう。

ターニー(Peter B. B. Turney)が示した、ABC クロスの理論性は了解できるものである。製造のプロセスの活動原価を活動ドライバーで原価対象へ割当てる構造は ABC の真髄である。しかしながら、活動原価に、ブリムソン(James A. Brimson)の指摘した未利用キャパシティが活動原価に混在してた。本書では、未利用キャパシティは価値増加をしない価値消費(原価)として、非付加価値(無駄)勘定で識別している。利用していない機械の減価償却費と製造活動が中断してしまった活動原価は無駄である。この非付加価値の排除は優先順位の高い原価管理項目である。活動原価に非付加価値を排除しての原価対象の評価は、先月の原価対象と比較可能性がある。製造現場では、低い操業度での製造原価について、「なぜこんなにも製造原価が高いのか」との疑問がある。この点も慣行の原価計算が目的適合性を失った事例である。

ABC クロスの示しているように、資源から活動への価値振替は資源ドライバーで行うのであるが、ここには重大な測定問題が存在している。資源と活動間の内部取引は膨大な量があり、これを処理する費用便益の利用前提が障害となっている。初期の ABC は活動原価を数人のインタビュー推定していた。ABC クロスのコストドライバー・レートも秀でた業績評価指標であるが、この標準はベンチマークで獲得していた。本書では、内部取引の測定問題を IT 利用の勘定系 ABC システムで解消している。このシステムでは「跡づけシート」を利用して、内部取引仕訳を自動生成している。資源からの活動への価値消費の割当と、活動から原価対象への割当には按分計算をする必要があり、原価金額は整数であり、四捨五入の誤差を調整する。内部取引の多さと按分計算の調整は人手では限界である。このシステムでは、先月の固定データは日付変更でそのまま利用できる。この ABC システムはデータに依拠して、事実基準を忠実に表現して、信頼性のある実際の活動原価を生成する。この原価情報は原価管理に良く適合している。

ABC にはプロセス視点がある。勘定系 ABC システムはプロセスを、元帳の出力簿で表出できる。ある原価対象の元帳に製造の主要プロセスが表示されている。また、どの活動の勘定にも、ロードされた諸資源とマイクロ活動がもれなく表示されている。

ABC システムに組み込まれた ABB の仕組みは管理活動に有益で、月次集計表には能率の悪い活動を発見的に表示する。

製造間接費の配賦計算批判として生成した ABC はサービス活動にもサービス業にも適用可能である。顧客の 20%が顧客損失で、ABC は顧客損失の取引相手を可視化する。日本の販売費は俗に言う「どんぶり勘定」であり、ABC の適用が期待されている。原価給付計算は、活動基準で給付単位を見出して間接費を直接費化するもので、給付単位を活動原価に見いだせないと実践できない。本書では顧客ドライバーの事例があるが、スーパーマーケットの広告宣伝活動原価も店ドライバーを利用すれば、処理できる。他方、ドライバーのみを測定しても、原価金額の跡づけがなければ、実際活動原価は把握できない。

本書の ABC システムはコンピュータを利用している。21 世紀はネットワーク時代である。ICT(Information and Communication Technology)基盤の上に生産活動をしている。生産には作業者、管理者、ABC システムの連携がある。また、サプライヤー、自社、顧客との連携がある。自社内には価値連鎖を担う専門部署との連携がある。天然資源の利用と製品の廃棄とは地球環境と連携している。組織は、社会的価値を生み出すために無駄を排除することが求められている。原価には、組織の有効性と業務の効率性を高める機能がある。そして、組織もそして個々人も、その様々な活動が原価給付と連携することが望まれている。

索　　引

著者紹介

町田　耕一（まちだ・こういち）

国士舘大学　名誉教授

《主要著書》

1995年『コンピュータ簿記会計』創成社

1998年『管理会計要論』（共著者・藤沼守利）創成社

2005年『情報化意思決定会計』創成社

2005年『入門ビジネス会計』中央経済社

活動基準原価計算システムの研究

2020年6月20日　初版発行

著者　町田　耕一

定価（本体価格1,800円+税）

発行所　株式会社　三恵社

〒462-0056 愛知県名古屋市北区中丸町2-24-1

TEL 052 (915) 5211

FAX 052 (915) 5019

URL http://www.sankeisha.com

乱丁・落丁の場合はお取替えいたします。

ISBN978-4-86693-239-2 C3034 ¥1800E